Vorteil?

Waum der WERThaltige NUTZEN so kaufentscheidend ist!

NUTZEN!

„Was bringt mir das?"

Werner F. Hahn
Verkaufstrainer + Fachbuchautor

Copyright: Werner F. Hahn
Rel. 01 - 01.11.2015

Herausgeber:
Werner F. Hahn GmbH
Willy-Brandt-Platz 6
55122 Mainz

Umschlaggestaltung:
Ingenium – Design und Kommunikationsmedien
www.ingenium-design.de

Cartoons: Markus Blatz
E-Mail: rotten.vegetable@gmx.de

ISBN: 9783-7386-5997-9
Herstellung und Verlag: BoD-Books on Demand, Norderstedt

Fotos: fotolia.com

Dieses Buch ist urheberrechtlich geschützt. Teile dieses Buches dürfen mit schriftlicher Genehmigung des Autors reproduziert oder unter Verwendung elektronischer Systeme gespeichert, verarbeitet, vervielfältigt oder verbreitet werden. In diesem Fall ist immer anzugeben: © Werner F. Hahn: www.wernerhahn.de

Im Folgenden ist der Einfachheit immer vom „Verkäufer" die Rede, denn die ständige Unterteilung in „die Verkäuferin/der Verkäufer" oder „der/die VerkäuferIn" stört den Lesefluss erheblich. Seid mir bitte nicht gram, liebe Leserinnen, ich kann gar nicht frauenfeindlich sein, denn ich halte die Frauen sowieso für die besseren Verkäufer.

Wissenschaftliche Untersuchungen sind zu dem Ergebnis gekommen, dass die „Du"-Ansprache der direktere Weg zum Unterbewusstsein ist. Du bist ja sicher daran interessiert, einen größtmöglichen Nutzen aus diesem Buch zu ziehen. Deswegen habe ich die „Du"-Ansprache gewählt. Solltest du weiterhin das „Sie" bevorzugen, dann stell dir bei jedem „Du" einfach vor, dass du mit „Sie" angesprochen wirst.

Mein Ziel ist es,
dass DU dein Ziel erreichst!

Inhaltsverzeichnis

1.	Warum ich das Buch geschrieben habe	8
2.	Die fünf Stufen der Bedürfnis-Pyramide	10
3.	Die sechs wichtigsten Kaufmotive	14
4.	Was verkaufst du in deinem Unternehmen?	17
5.	Was ist eine einzigartige NUTZEN-Argumentation?	18
6.	Die schwache NUTZEN-Argumentation	24
7.	Kundenorientierte NUTZEN-Argumentation	30
8.	Der Verkäufer als werthaltiger NUTZEN	34
9.	Werthaltiger NUTZEN in Verbindung mit deiner Dienstleistung	36
10.	Entwickeln deiner NUTZEN-Argumentation	41
11.	Werthaltige Nutzen-Fragen an deinen Kunden	46
12.	Weitere Ideen, um den NUTZEN zu entdecken	50
13.	NUTZEN-Argumentation und neue Produkte	54
14.	So setzt du die NUTZEN-Argumentation ein	56
15.	NUTZEN-Generator	58
16.	Nutzenerwartungen deiner Gesprächspartner	64
17.	Übung #1: Erarbeite deine NUTZEN-Argumentation	66
18.	Übung #2: Schreib deine NUTZEN-Argumente auf	70
19.	Deine Mehr-WERT-Strategie	73
20.	Der Schlüssel zu deinem Gesprächspartner	74
21.	Wie du mit dem Wort „Warum" eine Umsatzsteigerung von 23% erzielst	77
22.	Lass dich nicht aufhalten	78
23.	Vorteil/Nutzen: Beispiele	80
24.	Was du tatsächlich verkaufst	86
25.	Deine fünf größten Feinde im Verkauf	84
26.	Der Autor Werner F. Hahn	91
27.	Fachbücher von Werner F. Hahn	95

28.	Hier gibt es die Kontaktdaten	97
29.	Danke	98
30.	1-Tages-Intensiv-Training: Mehr Termine. Mehr Aufträge. Neue Kunden gewinnen	99
31.	1-Tages-Intensiv-Training: Profite statt Rabatte – Wie Rabatte dein Geschäft ruinieren und wie du ab sofort zum Listenpreis verkaufst!	102
32.	sales vitamins – frische Vitamine für besseres Verkaufen	104
33.	Podcast du go – deine automobile Universität ist freigeschaltet	106
34.	Literaturverzeichnis	107
35.	Haftungsausschluss	108

Kein Kunde kauft jemals ein Produkt. Er kauft immer das, was das Produkt für ihn leistet.

Für NUTZEN zahlen Kunden mehr als für ein Produkt

1. Warum ich das Buch geschrieben habe

Hand aufs Herz! Bei welchem der fünf Punkte machst du dein Antwort-Kreuz?

Mein Kunde will:

- umfassend über das Produkt informiert sein,
- technische Details,
- Sondernutzungsformen kennen,
- Fakten, Fakten, Fakten,
- etwas über den Nutzen des Produktes erfahren.

Nun, wie hast du geantwortet? Nur eine Antwort ist richtig – und die lautet: **Kunden wollen Nutzen**! Übersetzt heißt das: Kunden wollen genau wissen: *„Was bringt mir das?"*, *„Welchen Vorteil habe ich davon?"* Und das heißt auch: Alle anderen Informationen dienen lediglich als Mittel zum Zweck. Denn: Nur maximal 10% aller Abschlüsse kommen aufgrund guter rationaler Argumente (Infos über Produkt-Features und Produktnutzen) zustande. In fast 90% der Fälle ist der vermittelte Kundennutzen Kaufauslöser.

Für dich als Verkäufer ist es gerade in Zeit des VERKAUFEN 4.0 wichtig, dass du den werthaltigen Nutzen herausstellst.

Wird im Gespräch dem Kunden der Nutzen nicht verdeutlicht, und zwar mehr als deutlich(!) – sinken deine Chancen auf einen erfolgreichen Abschluss! Die entscheidende Frage bei jedem Beratungs- und Verkaufsgespräch heißt deshalb: "Was hat mein Kunde an NUTZEN davon?"

Tipp: Es passiert immer wieder, dass die wichtigste Kundenfrage: "*Was bringt mir das*?", in Verkaufsgesprächen nicht zufriedenstellend beantwortet wird. Dabei ist diese Frage der entscheidende Kauf- und Handlungsauslöser beim Kunden.

Das ist der Grund gewesen, dieses Buch zu schreiben. Mit dem Lesen dieses Buches wirst du jetzt in der Lage sein, für deine Produkte und Dienstleistungen eine werthaltige Nutzenargumentation aufzubauen.

- Das bringt dir wieder den Nutzen, dass du mehr profitable Aufträge bekommst und deine bisherigen Preisgespräche in den Hintergrund rücken.

- Das bringt dir wieder den Nutzen, dass deine Interessenten-Gespräche kürzer werden und du schneller den Auftrag bekommst.

- Das bringt dir wieder den Nutzen, dass deine Geldbörse prall gefüllt ist.

- Das bringt dir wieder den Nutzen, dass deine Familie stolz auf dich ist.

- Das bringt dir wieder den Nutzen, dass du auf der Bühne ganz oben stehst und viele deiner unten stehenden Kollegen gerne mit dir tauschen würden.

2. Die fünf Stufen der Bedürfnis-Pyramide

Bedürfnispyramide nach Maslow

Seit Jahrzehnten legt uns die Verhaltensforschung nahe, dass Menschen bei der Arbeit und in ihrem privaten Umfeld von einer Anzahl unterschiedlicher Bedürfnisse motiviert werden. Als Vertriebler ist es deine Aufgabe, die Bedürfnisse, Wünsche und Träume deiner Interessenten und Kunden zu erkennen.

Motivation verstehen

Motivationstheorien stützen sich auf die Annahme, dass Menschen gut und konstruktiv arbeiten, wenn sie die Möglichkeit und die richtigen Anreize erhalten. Der Psychologe Abraham Maslow hat sie in fünf Bereiche unterteilt:

Stufe #1 PHYSIOLOGISCHE BEDÜRFNISSE: Wärme, Nahrung, Sex, WLAN (WLAN kannte Maslow nicht, heute aber ganz wichtig!),

Stufe #2 SICHERHEITSBEDÜRFNISSE: Sicher sein, keine Angst haben müssen, Sorgenfreiheit,

Stufe #3 ZUGEHÖRIGKEIT UND GEMEINSCHAFT: Interaktion mit anderen, Freunden,

Stufe #4 STATUS UND SOZIALE GELTUNG: Bei anderen gut angesehen sein, Wertschätzung,

Stufe #5 SELBSTVERWIRKLICHUNG: Individuelles Potenzial nutzen, gewinnen, vollenden.

Nach Maslow sind diese Bedürfnisse hierarchisch geordnet. Erst dann wenn ein Bedürfnis ganz oder fast befriedigt ist, wird das folgende relevant.

Bedürfnisse befriedigen

Am Arbeitsplatz ist die Maslowsche Pyramide besonders bedeutsam, weil jeder Mensch nicht nur Geld und Belohnungen braucht, sondern auch zwischenmenschliche Beziehungen, Respekt und Anerkennung. Bei der Gestaltung von Aufgaben, Arbeitsbedingungen und Organisationsstrukturen solltest du die Stufenleiter der Motivationskräfte im Auge behalten. Das kostet dich keinen Pfennig zusätzlich, zahlt sich aber aus.

Gruppenbedürfnisse

Individuen, die als Teil einer Gruppe handeln, haben Bedürfnisse, die sich von denen der Gruppe unterscheiden. Finde als Führungskraft die Möglichkeiten, die Gruppeninteressen mit denen der Einzelnen auszugleichen. Sag deinen Mitarbeitern, dass du individuelle Forderungen erfüllen wirst, wenn die Gruppe ihr wichtigstes Ziel erreicht. Aber versprich nichts, was du nicht halten kannst.

Motivation außerhalb des Arbeitsplatzes

Sportliche Aktivitäten sind ein gutes Beispiel dafür, wie Menschen Befriedigung außerhalb des Arbeitsplatzes suchen. Interessant ist die Energie, die Menschen für Tätigkeiten aufbringen, die ihnen keine materiellen Vorteile einbringen. Motiviere deine Mitarbeiter, in ihre Arbeit ebenso viel Energie zu investieren, indem du die Arbeit so vergnüglich wie möglich gestaltest.

Eine gute Strategie ist es, Mitarbeiter zu ermuntern, außerhalb des Arbeitsplatzes eine Mannschaftssportart zu betreiben und so ihren Teamgeist zu stärken.

Denk daran: *Wenn Arbeit Spaß macht, arbeitet jeder gut!*

Ein Kunde kauft nie ein Produkt sondern immer die damit verbundene Bedürfnisbefriedigung.

Er kauft Träume, Wünsche, gute Gefühle, Erfüllung seiner Sehnsüchte, Problemlösungen, sichtbaren Erfolg im Business, ein Vertrauensverhältnis ohne Enttäuschungsgefahr, Lebensqualität, Life-Style und Seelenfrieden.

3. Die sechs wichtigsten Kaufmotive

Mit den anschließenden Fragen findest du ganz schnell heraus, was die individuellen Kaufmotive sein können.

Kaufmotiv #1: Profit: Gewinnstreben, Spartrieb, Zeitgewinn und Geld sparen

- *Wie verdienen deine Kunden mit deinem Produkt mehr Geld?*
- *Wie nutzt dein Kunde seine bestehende Investition besser mit deinem Produkt?*
- *Wer zahlt deinem Kunden für die Investition in das Produkt noch etwas hinzu?*
- *Welche Ausgaben fallen für den Kunden durch das Produkt weg?*
- *Wie spart dein Kunde mit dem Produkt Zeit und Geld?*
- *Wie kann dein Kunde sich zeitsparend auf Wichtigeres (oder etwas, das er/sie lieber tut) konzentrieren?*
- *Wo oder wie verliert dein Kunde etwas, wenn er nicht davon Gebrauch macht?*

Kaufmotiv #2: Selbsterhaltung, Gesundheit, Risikofreiheit, Sorgenfreiheit

- *Wie fühlt sich dein Kunde sicherer durch Ihr Produkt?*
- *Wie verbessert das Produkt die Gesundheit oder Lebensgrundlage des Kunden?*
- *Welche Unannehmlichkeiten vermeidet dein Kunde durch den Einsatz deines Produktes und welche Sorgen muss er sich nicht mehr machen?*
- *Wie sichert dein Produkt den Fortbestand des Unternehmens oder den Lebensstandard deines Kunden?*

- *Welche Probleme bekommt dein Kunde, wenn er nicht davon profitiert?*

Kaufmotiv #3: Bequemlichkeit, Ästhetik, Schönheitssinn

- *Wie steigert das Produkt den Komfort und die Bequemlichkeit und warum fühlt sich dein Kunde besser?*
- *Wie macht es das Leben des Kunden schöner und/oder ästhetischer?*
- *Wie verbessert dein Produkt die Atmosphäre und/oder das Klima?*
- *Welche negativen Folgen treten auf, wenn er weiterhin mit der Kaufentscheidung wartet?*

Kaufmotiv #4: Stolz, Prestige, Anlehnungsbedürfnis, „in sein", „dabei sein"

- *Wodurch gewinnt dein Kunde dank deines Produktes an Ansehen und Prestige?*
- *Wo ist dein Kunde der Erste/der Einzigartige mit deinem Produkt?*
- *Bei wem erweckt dein Kunde Träume und Anerkennung, wenn er das Produkt hat?*
- *Welcher Zeuge (Herr/Frau/Kunde/Zeitschrift/Sendung) empfiehlt dein Produkt an Ihren Kunden weiter?*
- *Wie sind deine Kunden „in" mit diesem Produkt?*
- *Zu welcher Gruppe möchte dein Kunde auch gehören, bei dem er gerne „dabei" wäre?*
- *Was verpasst dein Kunde, wenn er nicht bestellt?*

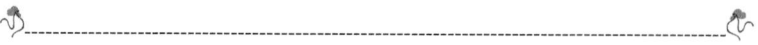

Kaufmotiv #5: Vergnügen, Großzügigkeit, Schenkungstrieb, Sympathie, Liebe zur Familie

- *Wie macht dein Produkt dem Kunden Spaß und steigert seine Lebensfreude?*
- *Wie kann sich dein Kunde mit Ihrem Produkt selbst etwas Gutes tun?*
- *Wie kann Ihr Kunde mit Ihrem Produkt anderen etwas Gutes tun und seine Sympathie und Großzügigkeit zeigen?*
- *Wie drückt dein Kunde mit dem Produkt seine Liebe zur Familie aus?*
- *Welche negativen Folgen treten auf, wenn der Kunde sich nicht entscheidet?*

Kaufmotiv #6: Ökologie und Umwelt

- *Wie gesund ist das Produkt?*
- *Wie umweltgerecht wird das Produkt hergestellt?*
- *Wie schädigt das Produkt die Umwelt nachhaltig?*
- *Wie drückt dein Kunde mit dem Produkt seine Liebe zur Familie aus?*
- *Welche negativen Folgen treten auf, wenn der Kunde sich nicht entscheidet?*

4. Was verkaufst du in deinem Unternehmen?

Verkaufst du Produkte?

Deine Ware selbst ist ein totes Produkt. Sie wird erst lebendig, durch ihre Eigenschaft, dem Kunden zu dienen und dessen Wünsche zufrieden zu stellen.

Es leuchtet ein, dass die Verkaufsarbeit leichter und gewinnbringender ist, wenn du anstatt einer Ware die Ersparnis, die Sicherheit, die Zweckmäßigkeit, die Bequemlichkeit usw. anbieten kannst, denn die Ware/das Produkt ist nur Mittel zum Zweck und deswegen für den Kunden von zweitrangiger Bedeutung.

In der Tat spiegelt sich diese Überlegung auch im Unterschied zu den Verkaufsergebnissen derjenigen Verkäufer wider, die nur die Ware verkaufen können und jenen, die gelernt haben, die Idee hinter der Ware zu verkaufen.

In der Auswertung dieser Erkenntnis unterscheidet sich häufig der Verkäufer von dem Topp-20%-Verkäufer. Und du willst ja letztendlich zu den Topp-20%-Verkäufern gehören und deswegen hast du ja dieses Handbuch gekauft.

5. Was ist eine einzigartige NUTZEN-Argumentation?

Ohne eine starke NUTZEN-Argumentation ist es in der heutigen Zeit verdammt schwer, deine Produkte und Dienstleistungen zu verkaufen. Gerade wenn dein Ziel darin besteht, auch in größeren Unternehmen zu verkaufen. Aber was ist denn überhaupt ein Nutzen? Und was ist der Unterschied zu Merkmalen, Produktvorteilen, Produkteigenschaften etc.?

Produktmerkmale:

Das sind die Eigenschaften, Features, Bestandteile eines Produkts. Es kann sich dabei um die Lebenszeit, eine Leistung/Funktion, das Gewicht, die Handhabung, die Integration in bestehende Prozesse handeln. Merkmale haben rein deskriptiven* Charakter.

Beispiele:

„Der automatische Mäher hat eine Mähleitung von 3 qm/Minute."
„Ich biete Praxis-Trainings an, bei denen Sie schon im Training anhand Ihrer 1:1-Praxisfälle alle neuen Techniken einüben."
„Die neue Kamera hat einen 24-fachen optischen Zoom."

Vorteile:

Sie zeigen, inwieweit die Merkmale des Produktes für den Kunden eine Hilfe sein können.

Vorteile liegen auf der Höhe des vermuteten Bedarfs.

Beispiele:
„Der automatische Mäher spart aufgrund seiner Effizienz 25% Arbeitszeit."
„Sie werden einen höheren Praxistransfer mit meinen Trainings erzielen."

Nutzen:

Der Nutzen ist immer konkret greifbar und vor allem bei jedem Kunden individuell. Darin unterscheidet er sich vom Vorteil. Er stellt die Übersetzung der Vorteile dar: In wie weit wird Ihr Produkt dem Kunden ganz konkret helfen, weil es einen konkreten Bedarf deckt? Auf dieser Argumentationsschiene haben Sie die mit Abstand höchste Erfolgschance.

Beispiele:
„Sie sparen durch den Einsatz des neuen Mähers zwei Saisonkräfte ein."
„Nach dem Training werden Ihre Vertriebler ihre Erfolgsquote am Telefon verdoppeln."

Das Ziel ist also, mit den nutzenbezogenen Argumenten die Gedanken des Gesprächspartners zu führen.
Statt zu sagen: „Dieser Anzug ist knitterarm" ist es besser zu sagen mit der Nutzen-Argumentation:

„Dieser Anzug ist knitterarm, das bedeutet für Sie als Verkäufer, dass auch nach 200 KM Autofahrt keine Druckfalten Ihr Sakko verunzieren und Sie bei Ihrem Kunden eine gute Figur machen.

Wie wichtig ist das für Sie?"

Eine NUTZEN-Argumentation wird in vielen Fällen gerne verwechselt mit der

- „Blitzpräsentation" („elevator speech") oder
- dem „Alleinstellungsmerkmal", dem USP – der „unique selling proposition"

Ein „Blitzpräsentation" ist deine Aussage während einer Aufzugsfahrt in der du 30 Sekunden Zeit hast, deinen mitfahrenden Gesprächspartner zu überzeugen. Im Regelfall besteht deine Aussage aus zwei Sätzen, in denen du erläuterst, mit wem du zusammenarbeitest, wie du diese Unternehmen unterstützt und was diese Unternehmen von einer Zusammenarbeit mit dir haben.

Damit erreichst du es, innerhalb von 12 Sekunden deine Botschaft zu vermitteln. Angewendet wird diese Vorgehensweise verstärkt bei Network-Veranstaltungen, um das Ergebnis auf den Punkt zu bringen und um die Diskussion zu stimulieren.

Hier kommen einige Aussagen von Verkäufern, die beschreiben, was sie so tun:

- *„Ich arbeite mit Unternehmen zusammen, die das Ziel haben, ihre Produkte und Dienstleistungen in größeren Unternehmen zu vermarkten."*

- „Wir unterstützen Technologie-Unternehmen dabei, mit den bestehenden Kundeninformationen Zusatzgeschäfte zu tätigen."
- „Wir haben uns darauf konzentriert, die Anzahl der verloren gegangenen Aufträge zu reduzieren."
- „Ich unterstütze kleine Unternehmen bei der Bewältigung der offenen Posten."

Eine Blitzpräsentation ist die Basis einer NUTZEN-Argumentation, bei der die Spezifikationen außen vor bleiben, die in dem Gesamtmarkt eine Rolle spielen.

Ein „Alleinstellungsmerkmal" ist die Aussage, was dich und dein Unternehmen von anderen Lieferanten unterscheidet. Es dient mehr dazu, die Unterschiede herauszuarbeiten. Ein USP wird in den meisten Fällen in Marketing-Unterlagen verwendet oder in Gesprächen mit Interessenten, die bereits Kaufinteresse zeigen.

Hier kommen einige gute Alleinstellungsmerkmale:
- „Wir arbeiten ganz speziell mit einigen Banken zusammen."(Speziell)
- „Wir garantieren eine Reaktionszeit von vier Stunden – ansonsten bekommen Sie Ihr Geld zurück." (Garantie)
- „Wir setzen exklusiv dazu ein spezielles Werkzeug mit der Bezeichnung ‚Winkelmesser' ein, um die exakten Daten zu ermitteln." (Methode)

Der USP ist immer dann einzusetzen, wenn dein Interessent bereits die Entscheidung getroffen hat, zu kaufen. Bei Kunden, die kein Interesse zeigen, etwas am Status quo zu verändern, bringt dich der USP nicht weiter.

Auch wenn deine Kunden frustriert sind über die derzeitige Situation, wirst du mit dem USP nicht punkten, da keine Chance für eine Veränderung besteht. USP sind mehr gefragt in der B2C-Welt und weniger in der B2B-Welt.

Sowohl die Blitzpräsentation als auch der USP sind verwand mit der NUTZEN-Argumentation, aber drücken noch nicht den werthaltigen Nutzen in dem entsprechenden B2B-Markt aus.

Eine werthaltige NUTZEN-Argumentation ist eine klare Aussage über das, was es ihm ganz konkret bringt, wenn der Interessent/Kunde deine Produkte oder Dienstleistungen einsetzt. Es ist ergebnisorientiert und betont den werthaltigen Nutzen deines Angebotes.

Eine starke NUTZEN-Argumentation ist spezifisch und beinhaltet eine klare Ziffernangabe oder einen Prozentsatz. Dabei kannst du dich auf die bisherigen Ergebnisse bei bestehenden Kunden beziehen und präsentieren. Hier kommen einige weitere Beispiele:

„Wir unterstützen Unternehmen dabei, die Verwaltungskosten im Bereich Personal zu reduzieren. Mit dem Einsatz unserer Software haben wir bei einem Unternehmen mit 450 Mitarbeitern die Kosten im ersten Jahr bereits um 113.475 Euro gesenkt – ohne dass es zu Veränderungen im Personalbereich kam. Wie interessant ist das für Sie?"

"Ich unterstütze Unternehmen Ihrer Größenordnung bei der Freigabe neuer Produkte, damit die Vertriebsorganisation effizienter arbeiten kann. Sie erreichen dadurch schneller mehr Aufträge uns somit mehr Umsatz. Welche Bedeutung hat das für Ihr Unternehmen?"

Denk bitte immer daran, bei der NUTZEN-Argumentation die spezielle Kundensprache zu verwenden. Interessenten sollten immer ein klares Bild davon bekommen, was sie durch den Einsatz deiner Produkte und/oder Dienstleistungen erreichen.

6. Die schwache NUTZEN-Argumentation

Verkaufst du im B2B-Bereich, dann besteht eine deiner großen Herausforderungen darin, den qualifizierten Entscheider persönlich zu sprechen.

Gestresste Käufer

Gerade im Bereich der Geschäftskunden sind – nach vielen Neu- und Umorganisationen – die Entscheider schwer zu erreichen und haben wenig Zeit für ausführliche Gespräche. Sie stehen unter dem permanenten Druck, ebenfalls konkrete „Ergebnisse" zu liefern und sichern so ihren Zeitplan entsprechend ab und wollen sich nur mit Verkäufern treffen, die sie dabei unterstützen, die gesteckten Ziele zu erreichen.

Qualifizierte Entscheider überprüfen alle Anrufer, setzen dazu Mitarbeiter als *„Palastwache"* ein und lassen viele Gespräche auf der Mobilbox auflaufen. Wenn du zu denen gehörst, die auch noch etwas verkaufen wollen, dann trägst du zu einer unerwünschten Unterbrechung bei. Diese Gesprächspartner haben einfach nicht die Zeit, mit dir ausführlich über ihr Unternehmen zu sprechen. Sie wollen die Bedürfnisse nicht groß vermitteln und eine künftige Zusammenarbeit auf keinen Fall detailliert erörtern.

Sie wollen deine Produkte nicht kennen lernen, sondern nur, was es ihnen tatsächlich bringt, wenn deine Produkte eingesetzt werden. Es geht ihnen nicht mehr um die Produkte – okay, es ist schön sie zu haben – sondern um den konkreten Nutzen. Und wenn du ihnen den konkreten Nutzen bzw. die Rentabilität nicht liefern kannst, dann wollen sie mit dir nicht sprechen.

Zusätzlich werden sie permanent mit neuen Angeboten bombardiert, die von Interesse sein sollen. Es ist nichts außergewöhnliches, wenn manche Führungskräfte über 100 E-Mails am Tag bekommen. Die Mailbox quillt dann über von anderen Vertriebskollegen. Und was hören sie, wenn sie die Mailbox abhören? Hier kommt ein typischer Text:

„Hallo Herr Brettschneider, hier ist Frank Müller von SuperProdukt GmbH und ich biete Ihnen heute ein Software an, mit der Sie die Auswertung im Personalbereich erheblich verbessern.

Ich rufe an, um einen Termin mit Ihnen zu vereinbaren, bei dem ich mich und mein Unternehmen vorstelle und mit Ihnen prüfe, ob der Einsatz der Software sinnvoll ist.

Ich bin in der nächsten Woche sowieso in Ihrer Nähe und würde gerne vorbeikommen für eine halbe Stunde. Lassen Sie mich wissen, ob das für Sie Sinn macht. Meine Mobilnummer ist ..."

Gib mir einen Grund, warum sich der Entscheider mit seinem proppenvollen Terminkalender auch noch mit dieser Person treffen sollte. Das würde er niemals tun. So einfach kann es sein. Obwohl ja ein Nutzen schon zu erkennen war, war doch der Rest nun wirklich äußerst dürftig.

Ineffektiv und unsympathisch

Ein Grund, warum viele Geschäfte nicht erfolgreich abgeschlossen werden liegt darin begründet, dass eine dürftige NUTZEN-Argumentation stattfindet.

Bei meinen Trainings höre ich immer wieder – und auch von gestandenen Verkäufern – eine äußerst dürftige NUTZEN-Argumentation. Das betrifft Verkäufer aus allen Branchen und Unternehmen aller Größen – vom Kleinbetrieb bis hin zum DAX-Konzern. Sie sagen nie die Punkte, die bei dem Gesprächspartner ein: *„Darüber will ich mehr wissen, lassen Sie uns einen Termin vereinbaren"* auslösen.

Was mich besonders ärgert ist die Tatsache, dass diese Verkäufer ein sehr werthaltiges Produkt zu einem marktgerechten Preis verkaufen und es doch einfach für sie sein müsste, die Botschaft klar zu adressieren. Sie können den Nutzen nicht in Worte fassen und scheitern spätestens beim Entscheider. Sie hangeln sich durch den Verkaufsprozess und kriegen den Fuß nicht in die Tür.

Bei meinen Trainings höre ich folgende schwache NUTZEN-Argumentation:
- *Das ist das System mit der neuesten Technologie*
- *Wir bieten das Basissystem mit einer umfangreichen Anwendungspallette*
- *Unser System wurde von der Test AG mit der Note „GUT" ausgezeichnet*
- *Wir sind in dem Bereich der Anbieter mit den günstigsten Preisen*
- *Wir bieten da eine einfache Kaufvariante an*
- *Mit der Ausstattung decken wir alle Anforderungen der verarbeitenden Industrie komplett ab*

Service-Unternehmen und Einzelkämpfer sagen oft:
- *Ich bin Consultant und habe mich spezialisiert auf SAP- und SAGE-Programme*
- *Wir designen Broschüren, Internetseiten, Flyer und Briefpapier*
- *Wir entwickeln neue Kreativität und Innovation in Unternehmen*
- *Ich helfe Firmen dabei, die richtige und neueste Technologie auszuwählen*
- *Ich bin Steuerberater und kenne mich in der Unternehmensbesteuerung bestens aus.*

Ist doch grauslich! Wenn du so bist, wie viele andere Menschen auch, dann fragst du dich doch: So, und? Warum sollte mich das interessieren? Warum sollte ich meine kostbare Zeit mit dir verplempern?"

Zusätzlich werden immer noch gerne bestimmte Wörter eingesetzt, die den Gesprächspartner vom Hocker reißen sollen. Dazu gehören: die Besten, die Führenden, Europas bester Verkaufstrainer, die Einzigartigen, Superprodukte etc. Bei solchen Übertreibungen schaltet doch jeder Gesprächspartner sofort ab. Diese Wörter sind unglaubwürdig und schmälern meine Kernbotschaft.

Hier gebe ich dir noch ein Beispiel aus der Logistik:
Variante #1:
„Ich rufe Sie an, weil ich Ihnen eine Software verkaufen will, mir der Sie Ihre LKW-Flotte überwachen können."
Wer lässt sich schon gerne etwas verkaufen?
Ende des Akquisitions-Telefonats.

Variante #2:

Ich rufe Sie an, weil wir eine neue Transport-Software erstellt haben, mit der Sie die Kapazitäten Ihrer LKW-Flotte besser überwachen können als jede derzeit verfügbare Software auf dem Markt. Gerne präsentiere ich Ihnen dieses Programm."

Diskutier am Telefon keine Vorteile.

„Gerne präsentiere ich Ihnen..." ist eine willkommene Ausstiegsklausel für deinen Gesprächspartner.

Variante #3:

„*Ich rufe Sie an, weil wir einige Transportunternehmen dabei unterstützt haben, die Ladekapazität Ihrer LKWs um bis zu 40% zu erweitern. Es ist ein Quantensprung in der Technologie. Ist das ein Thema für Sie?"*

Niemand interessiert sich für eine neue Technologie. (Es sei denn, du verhandelst als Verkäufer mit dem Programmierer? Stellt sich die nächste Frage, wie kompetent du auf dem Gebiet bist.)

Vermeide geschlossene Fragen, die schnell mit Ja/Nein beantwortet werden.

Variante #4 – die richtige Variante:

„*Prima, Herr Müller, ich rufe Sie an, weil wir einige Transportunternehmen dabei unterstützt haben, die Ladekapazität Ihrer LKWs um bis zu 40% zu steigern. Derzeit verspüren ja viele Speditionen starken Druck bei den Margen.*

Ist es okay für Sie, wenn ich Ihnen drei Fragen stelle um zu prüfen, inwieweit Ihr Unternehmen ebenfalls davon profitieren kann?"

Bis auf die Variante #4 weißt du jetzt, was nicht funktioniert. Jetzt ist die Zeit, die Katze aus dem Sack zu lassen und zu zeigen, wie es richtig gemacht wird.

Der Nutzen ist immer konkret greifbar und vor allem bei jedem Kunden individuell. Darin unterscheidet er sich vom Vorteil.

Er stellt die Übersetzung der Vorteile dar: In wie weit wird Ihr Produkt dem Kunden ganz konkret helfen, weil es seinen konkreten Bedarf deckt?

Auf dieser Argumentationsschiene hast du die mit Abstand höchste Erfolgschance.

7. Kundenorientierte NUTZEN-Argumentation

In der heutigen wirtschaftlichen Situation trägt die NUTZEN-Argumentation bei, deine Gesprächspartner schneller zu überzeugen. Mit der richtigen Botschaft erreichst du zu 100% ihre Aufmerksamkeit und verkürzt dadurch deinen Verkaufszyklus.

Vor einiger Zeit hatte ich einen Fachartikel gelesen, in dem es um eine Kalkulationssoftware ging. Mit dieser Software konnte ein Händler zu jeder Zeit ermitteln, wie hoch sein Profit ist.

Während eines Tests bei einem Händler ging der Umsatz um 10% nach oben, die Stückzahlen stiegen um 6% und der Nettoprofit stieg um 2%. Das System hatte sich in den ersten zwölf Monaten bereits bezahlt gemacht. Das ist ein echter werthaltiger Nutzen.

Welcher Unternehmer würde nicht wissen wollen, was dieses erfolgreiche Unternehmen anbietet. Und während ich den Artikel las, sah ich schon das Management in den Startlöchern stehen, um an die Informationen heranzukommen.

Das ist die Kraft einer werthaltigen NUTZEN-Argumentation.
Vor einiger Zeit hatte ich einen Termin mit einer Geschäftsführerin eines mittelständischen Unternehmens. Sie erzählte mir, wenn irgendjemand sie anruft und mitteilt, dass der Schwund in ihrem Unternehmen nur um 1% reduziert wird, sie sofort einen Termin mit der Person machen würde. Warum? Weil sie genau weiß, wie viel Geld heute vernichtet wird und wie groß die Summe ist, die hinter dem einen Prozent steht.

Besonderer Hinweis: eine werthaltige NUTZEN-Argumentation öffnet schneller die Türen. Nimm dir die Zeit und denke intensiv über den Nutzen deiner Produkte und Dienstleistungen nach – es ist eine gute Investition in künftige Erfolge.

Geschäftliche Terminologie

Eine starke werthaltige NUTZEN-Argumentation wird immer in einer geschäftlichen Terminologie ausgedrückt. Kunden und Interessenten sind solchen Ausdrücken gegenüber sehr aufgeschlossen:

- Umsatzsteigerung
- Kostenminimierung
- Erhöhung des Marktanteils
- Schnellere Antwortzeiten
- Mehr Abschlüsse pro Kunde
- Reduzierung der Lieferkosten
- Steigerung des Anlagevermögens
- Verkürzung des Profit-Zyklus
- Verringerung des Verkaufs-Zyklus
- Produkte schneller dem Markt zur Verfügung stellen
- Steigern des operativen Einsatzes
- Geringere Wartungskosten
- Verringerter Wareneinsatz
- Höhere Komponentendichte
- Risiko-Minimierung
- Häufigere Kollektionen
- Reduzierung der operativen Ausgaben
- Reduzierung der Arbeitskosten
- Reduzierung der Vertriebskosten

- Schnellerer Inventurdurchlauf
- Höhere Ladekapazitäten
- Steigerung der Neukundengewinnung
- Meine Produkte und Dienstleistungen: ……………………

……………………………………………………………………………

……………………………………………………………………………

……………………………………………………………………………

……………………………………………………………………………

……………………………………………………………………………

Bist du mit deinem Business in der Lage, einige dieser Komponenten zu erfüllen? Oder mit so ähnlichen? Vielleicht hast du noch nie über diese Terminologie noch nie nachgedacht. Aber das wollen deine qualifizierten Gesprächspartner hören, wenn du mit ihnen sprichst. Es ist der werthaltige NUTZEN.

Denk darüber nach, wie du das was du tust, in die Sprache deiner Gesprächspartner übersetzen kannst. Erinnere dich: es interessiert sie keine Bohne, was deine Produkte machen, wie schnell sie sind, wie effizient sie sind etc. Es geht hier nur um das Ergebnis: *„Was bringt mir das?"*

Findest du die richtigen Worte passend zu deinem Angebot, dann wirst du gleich eine Veränderung bei deinen Gesprächspartner feststellen. Sie wollen einfach mehr wissen.

Konkrete und messbare Ergebnisse

Eine gute werthaltige NUTZEN-Argumentation beinhaltet immer konkrete und messbare Ergebnisse. Viele Verkäufer machen den Fehler und sprechen nur von den Produkteigenschaften und ergänzen diese um einige Zahlen.

Je spezieller deine Aussage ist, umso eher verkaufst du. Bestimmte Geschichten in dem Zusammenhang zu erzählen, gehört ebenfalls dazu. Lass dir auch von deinen Kunden konkrete Ergebnisse mitteilen.

So habe ich nach einem Training eine Mail von einem Teilnehmer bekommen, der mir berichtete, dass er bisher bei zehn Terminanrufen vier Termine bekommen hat. Nach meinem Training erhöhte sich die Zahl auf acht Termine. Wow – da ist werthaltiger Nutzen in der Gesprächseröffnung vorhanden.

8. Der Verkäufer als werthaltiger NUTZEN

Im heutigen Markt werden von vielen Unternehmen die gleichen Produkte und Dienstleistungen angeboten. Der Unterschied besteht nur noch in der Person des Verkäufers. Kunden kaufen hier das Wissen, die Erfahrung, die Ideen und es geht hier um den persönlichen Beziehungsaufbau.

Für viele Verkäufer ist das völlig neu, dass sie in diesem Fall die entscheidende Rolle spielen. Sie sind darauf nicht vorbereitet, ihren eigenen Nutzen zu präsentieren. Es gibt aber auch einige, die das ganz hervorragend machen. Ich kenne eine Frau, die verkauft Socken. Das ist nun mal was ganz außergewöhnliches, oder? Es ist ein Butter-und-Brot-Produkt, das jeder von uns benötigt. Diese Verkäuferin macht gute Geschäfte mit vielen Händlern, obwohl sie in einem harten Preiskampf zu bestehen hat. Sie unterstützt ihre Kunden dabei, den Umsatz im Geschäft zu steigern, indem sie

- regelmäßig bei der Konkurrenz einkauft und ihre Erfahrungen weiter gibt
- über alternative Verpackungen nachdenkt mit der ein Kunde mehr Socken bei einem einmaligen Kauf mitnimmt
- zusätzliche Designs zu bestimmten Anlässen und Jahreszeiten entwickelt.

Das steht natürlich nicht in ihrer Job-Beschreibung. Sie ist eingestellt, um Socken zu verkaufen. Sie bringt zusätzlich ihre Erfahrung in Bezug auf Design, Farbe, Style und Trend mit ein und verkauft dadurch mehr zu höheren Konditionen. Ihre Kunden erreichen damit einen besonderen Nutzen.

Der Bestand dreht sich viel schneller, die Verkaufszahlen gehen nach oben und der Kunde hat mehr Geld in der Kasse.

Ihr werthaltiger Nutzen ist in diesem Fall sehr persönlich, aber das ist exakt das, was sie von den anderen Verkäufern unterscheidet.

Als ich meine ersten Computer im Bankbereich verkaufte, brauchte ich nur die ausgefüllten Verträge beim Vorstand abliefern und darauf warten, dass ich sie unterschrieben wieder mitnehmen konnte. Das war aber nicht meine einzige Dienstleistung. Für den Einsatz in den Filialen waren Modems und eine Leitung von der Telekom (damals Post) erforderlich. Also habe ich die Vertragsunterlagen für meine Computer, für die Modems und für die Telekom zusammen in eine Unterschriftenmappe gelegt und der Vorstand brauchte nur den Kugelschreiber zu zücken und alles unterschreiben.

Das war mein werthaltiger Nutzen, der sich schnell rumsprach und alle anderen Entscheider in den Banken sprachen mich direkt darauf an: *„Bekommen wir das von Ihnen komplett vorbereitet?"* *„Ja, gerne"* war meine Antwort.

Das ist heute die neue Realität in der werthaltigen NUTZEN-argumentation. In einer Welt, in der die Produkte immer ähnlicher und damit zu einem Standardprodukt werden und teilweise Produkte über Nacht kopiert werden, da zählt nur eins: die Persönlichkeit des Verkäufers.

Du – der Verkäufer – wirst zu einem werthaltigen Nutzen und bist damit ein wesentlicher Bestandteil in der Entscheidungsfindung.

9. Werthaltiger Nutzen in Verbindung mit deiner Dienstleistung

Viele Berater und Einzelkämpfer tun sich schwer damit, den exakten werthaltigen Nutzen für Ihre Dienstleistung zu definieren. Deswegen sind viele der Meinung, dass sie keinen Nutzen vermitteln können.

Ich verstehe diese Argumentation schon. Selbst in 24 Jahren der Selbständigkeit als Verkaufstrainer tun sich einige meiner Kunden schwer, die gesamten Ergebnisse der Trainings zu definieren. Dafür gibt es ja auch viele Gründe – zu wenig Zeit für die Analyse nach dem Training, die fehlenden Vergleichswerte und die vielen weiteren Faktoren bei der Einführung neuer Produkte in neuen Märkten. Dazu fehlen einfach die passenden Daten.

Das hält mich jedoch nicht davon ab, über diese speziellen Punkte zu sprechen. Da keine exakten Vergleichsdaten zur Verfügung standen, habe ich auf folgende Punkte zurückgegriffen:

- Zeitraum zwischen der Produktfreigabe und den ersten Vertriebsergebnissen
- Verkürzen des Zeitplans bis zur Profitabilität
- Reduzierung der Vertriebskosten bei der Erstellung der PowerPoint-Präsentationen und bei Angeboten
- Widersprüchliche Nachrichten an Kunden, Interessenten und Partner
- Begrenzte Gelegenheiten bei plötzlichem Konkurrenzdruck.

Dieser Nutzen war in den Fällen äußerst attraktiv für die Führungskräfte. Als Ergebnis hatte ich viele gut honorierte Projekte in manchen Jahren.

Zu einem späteren Zeitpunkt sprach ich mit einer Trainer-Kollegin. Sie teilte mir mit, dass sie darauf aufbaute, was die Verkäufer bereits richtig machten. Sie sagte: *„Ich bringe ihnen frische Energie!"*

Nach über 30 Jahren im Verkauf habe ich bis heute noch nie eine Führungskraft aus dem Vertrieb getroffen, die sich für die Vertriebsmannschaft *„mehr Energie"* wünschte. Sie sollen eins bringen:
- ERGEBNISSE – einfach und entspannt.
- Mehr Termine und mehr Aufträge.
- Weniger an die Konkurrenz verlorene Aufträge.
- Größere und profitablere Verträge.
- Eine höhere Kundenloyalität.

Das sind die Wörter, die in deiner werthaltigen NUTZEN-Argumentation vorkommen sollten, wenn du an die qualifizierten Entscheider verkaufst.

Wie könntest du deine NUTZEN-Argumentation aufbauen, wenn du zum Beispiel Internetseiten programmierst?
- Sie erhalten mehr Klicks auf Ihre Webseite
- Reduzierung der Webseitenbesucher, die im Shop schnell wegklicken
- Erhöhung der Bestellmenge im Web

- Platzierung in den Suchmaschinen auf den vordersten Plätzen
- Freigabe weitere Themen durch einfaches Handling

Was sind deine Nutzen, wenn du – leicht nebulös – dich mit Teambildung oder Organisationsentwicklung beschäftigst?
- Reduzierung der Mitarbeiterfluktuation
- Schnellere Geschäftsentscheidungen
- Reduzierung des Zeitaufwandes für die Führungskräfte im Konfliktfall mit den Mitarbeitern
- Steigerung der Produktivität des einzelnen Mitarbeiters
- Schaffen eines Arbeitsumfeldes, in dem alle Mitarbeiter kreativ sind und die Kunden gerne Kontakt aufnehmen
- Minimierung des Abteilungsdenkens, was jedem Unternehmen jährlich hunderttausende von Euro kostet

Liste hier den Nutzen auf, den du mit deinen Produkten und Dienstleistungen bringst:

....

....

....

Hier komm ein weiteres Beispiel aus meiner Vertriebstätigkeit:
Ich habe ein Spezialprogramm für Einzelkämpfer und kleinere Unternehmen. Das Programm trägt dazu bei, den Verkauf in diesen Bereichen massiv zu steigern. Ich nenne das bei mir nur „Telefon-Consulting."

Aber es bringt dir wesentlich mehr, wenn ich dir die folgende Geschichte erzähle. Ein regionales Ingenieur-Unternehmen bat mich bei der Nachverfolgung in der Angebotsphase um Unterstützung. Sie waren nur ein kleines Unternehmen und Stolz darauf, wenn sie es bis in die zweite Angebotsrunde schafften.
Bei der Ausschreibung hatte der Vertragspartner mit acht Unternehmen jeweils ein Ein-Stunden-Interview vereinbart. Aus diesen acht Unternehmen kamen nur drei Anbieter weiter. Mein Kunde wollte nur die erste Runde gut überstehen, um gegen die etwas größeren Unternehmen „*anzustinken*." Den Auftrag zu gewinnen – daran hatten sie bisher keinen Gedanken verschwendet.

Sie waren gut motiviert, als sie die Nachricht bekamen, dass sie in der zweiten Runde dabei sein werden. Einige Tage später bekamen sie einen Anruf von dem Projektleiter und der teilte ihnen mit, dass es eine zweite Runde nicht geben würde. Das gesamte Team hatte sich dazu entschlossen, den Auftrag an dieses mittelständische Unternehmen zu vergeben.

Mit meiner Unterstützung bekamen sie einen Auftrag, der ihnen im Laufe der Jahre ein Volumen von über € 100.000 bescherte. Würdest du jetzt gerne mit mir zusammenarbeiten, wenn wir ähnliche Ergebnisse erzielen? Diese kleine Geschichte zeigt doch, was ich konkret mache und wie meine Kunden und Interessenten davon profitieren können.

Egal in welchem beruflichen Umfeld du dich gerade befindest, es ist deine Aufgabe, die NUTZEN-Argumentation zielgerichtet zu erstellen und deine Gesprächspartner zu überzeugen.
Welche Ergebnisse erzielst du mit deiner Beratung?
Die Ergebnisse sind da – du musst sie nur finden.

Sehr schlecht:

Die meisten Verkäufer verkaufen die Produkteigenschaften.

Schlecht:

Bessere Verkäufer verkaufen Produktvorteile.

Sehr gut:

Topp-20%-Verkäufer verkaufen Kundennutzen.

10. Entwickeln deiner NUTZEN-Argumentation

Wie sieht deine NUTZEN-Argumentation nun exakt aus? Kannst du beschreiben, was die Ergebnisse deiner Aktivitäten sind? Hast du Geschichten parat, die du erzählen kannst? Oder benötigst du Unterstützung bei der Erstellung deiner Argumentation? Wenn es im ersten Anlauf noch nicht klappt, bitte nicht kapitulieren. Viele Unternehmen bieten mehr als einen Nutzen.

Materielle Werte

Das ist die einfachste Vorgehensweise, da sie direkt mit deinem Angebot zusammenhängt und messbar ist. Konkrete Werte werden im Regelfall in Zahlen oder Prozentsätzen genannt. Hier kommen einige Beispiele:

- Reduzierung des Fertigungszyklus von drei auf einen Tag
- Senkung der Arbeitskosten um 25%
- Einsparung von Energiekosten im ersten Jahr von Euro 100.000
- Steigerung des Marktanteils um 5%
- Produktivitätssteigerung um 17%
- Steigerung der Terminquote um 43%

Den konkreten Werten stehen Werte gegenüber, die nicht immer so messbar sind. Wenn ich zum Beispiel von einer Steigerung der Produktivität spreche, bedeutet es ja auch für das Unternehmen, mit weniger Mitarbeitern die gleiche Leistung zu schaffen wie vorher. Mit weniger Mitarbeitern spart das Unternehmen weitere Arbeits- und Sozialkosten. Zusätzlich wird weniger Geld ausgegeben für die Anwerbung und Ausbildung

neuer Mitarbeiter. Diese Einsparungen fließen ebenfalls in die werthaltige NUTZEN-Argumentation mit ein.

Eine professionell gestaltete Internetseite reduziert die Kosten im Bereich Service. Ein automatischer Bestellprozess reduziert die Kosten für die Lagerhaltung und den Lagerplatz sowie den weiteren anfallenden Kosten (Mitarbeiter etc.).

Quantifizier immer die direkten und die indirekten Parameter bei deiner NUTZEN-Argumentation.

Immaterielle Werte

Manchmal ist der Wert deines Angebotes nicht direkt messbar. Dazu gehören weniger Risiko, Steigerung der Teamarbeit, Image in der Branche, bessere Moral etc. Immaterielle Werte lassen sich in der heutigen Welt schwerlich verkaufen. Der überwiegende Teil der Entscheider sagt dazu: „Schön, wenn es sie gibt – muss aber nicht sein." Sie werden gerne genommen, aber extra dafür wollen sie kein Geld ausgeben.

Dazu gibt es aber einen kleinen Trick: Nimm diese immateriellen Werte und verwandele sie materielle Werte. Finde dazu Wege raus, um den Wert deinem Interessenten zu vermitteln.

Eingesparte Kosten

Eingesparte Kosten können deinen Nutzen weiter stärken. Hierbei geht es um den Betrag, den dein Kunde einspart, wenn er deine Produkte einsetzt. Spart zum Beispiel ein Kunde über einen Zeitraum von fünf Jahren den Betrag von € 100.000 ein, dann steht ihm ja dieser Betrag wieder zur Verfügung.

Deine existierenden Kunden sind die beste Ressource um herauszufinden, welchen konkreten Nutzen sie von deinen Produkten und Dienstleistungen haben.

Bitte deine Kunden um Unterstützung, um den Nutzen deines Angebotes zu konkretisieren und du gerne wissen willst, wie das aus der Sicht eines Kunden ist. Mit dieser Vorgehensweise baust du zusätzlich Vertrauen auf und gleichzeitig gibt es dir dich Chance, werthaltige Informationen zu bekommen.

Viele Verkäufer fragen nur ungern nach dem Nutzen. Ich habe auch eine ganze Weile gebraucht, konzentriert danach zu fragen. Das war für mich als wenn die Sonne aufgehen würde. Ich hatte wirklich überhaupt keine Idee, was meine Kunden alles an Nutzenargumenten bringen würden. Jedes noch so kleine Detail zählte im Gesamtangebot. Diese Gespräche trugen dazu bei, dass ich auf der einen Seite den werthaltigen Nutzen erst so richtig verstand und andrerseits meine Selbstwahrnehmung sich entschieden verbesserte.

Jedes mal, wenn du einen Kunden nach Informationen fragst, gehst du das Risiko ein, dass du dinge hörst, die du möglicherweise in diesem Moment nun wirklich nicht hören willst. Wenn dein Kunde derzeit nicht gerade gut auf dein Unternehmen (oder auf dich) zu sprechen ist, dann mach dir Notizen und versprich die Erledigung der genannten Punkte.

Geh in diesem Fall auch nicht in die Offensive und verärgerst somit den Kunden und sag deinem Kunden sicher nicht, dass er das völlig falsch sieht. Wenn du das machst, dann hast du die längste Zeit einen Kunden gehabt. Was besonders wichtig ist in einer solchen Situation: sei gespannt auf das, was in diesem Gespräch abgehandelt wird. Hinterfrage viele Punkte, um wirklich den werthaltigen Nutzen zu erkennen und zu lernen.

Ein Beispiel dazu: Wenn dir dein Gesprächspartner erzählt, dass die Kommunikation insgesamt gestiegen ist, dann finde heraus, was er damit meint.

- *Benötigen sie weniger Zeit für die Argumentation?*
- *Wenn das so ist, über wie viel Zeit sprechen wir?*
- *Wie hoch ist der Wert der eingesparten Zeit?*
- *Verwenden sie die eingesparte Zeit für andere Dinge?*
- *Da weniger Zeit benötigt wird – welche Entscheidungen werden einfacher getroffen?*
- *Wie partizipiert das Unternehmen von solchen Entscheidungen?*
- *Welchen zusätzlichen Profit oder Kosteneinsparungen werden durch diese Entscheidungen erreicht?*

Hinterfragen – Hinterfragen – Hinterfragen. Nur so entwickelst du den werthaltigen Nutzen für deine Produkte.

Gleich findest du einige Fragen an deine Kunden, mit denen du den werthaltigen Nutzen erarbeiten kannst. Denk bitte daran: auch deine Kunden werden sich nicht immer viele Gedanken darüber gemacht haben, wie der konkrete Nutzen nun für sie aussieht. Deswegen werden manche Antworten etwas wage sein und durch deine Fragen kommst du dem Ergebnis immer näher.

Hast du schon mal einen der alten Filme mit Colombo im Fernsehen gesehen? Wenn dem so ist – erinnere dich daran, dass Colombo schon vieles wusste er aber immer noch einmal hinterfragt hatte, um sicher zu sein. Langsam und bedächtig hat er seine Fragen gestellt und schließlich bekam er das, wonach er fragte. Harte und überzogene Fragen helfen dir in solchen Situationen sicher nicht weiter.

Bevor du dich mit deinem Kunden triffst, schreib alle Probleme auf und biete direkt Lösungen an, die deine Produkte und Dienstleistungen für ihn erledigen. Als nächstes notier dann, welche geschäftlichen Auswirkungen das hat.

Letztendlich schreib auf, welchen Nutzen deine Produkte bringen könnten. Nimm diese Liste mit in das Meeting. Setze diese Liste ein, um mit Fragen deinen Kunden dahingehend zu bringen, dass er den Nutzen aus seiner Sicht darstellt.

11. Werthaltige Nutzen-Fragen an deinen Kunden

Um bessere Ergebnisse zu erzielen, solltest du deine Frage individualisieren auf jeden einzelnen deiner Kunden und Interessenten. Nimm die hier aufgeführten Fragen als ein Beispiel für deine künftige Vorgehensweise:

Welchen besonderen Nutzen bringen meine Produkte/Lösungen/ Dienstleistungen für dieses Unternehmen?
- *Wo kommt der Nutzen aktiv zum Vorschein?*
- *Was bedeutet das für den Profit des Unternehmens?*
- *Welche Veränderungen werden damit realisiert?*
- *Wie wird der Durchsatz damit gesteigert?*
- ...

Was sind die drei wichtigsten Nutzenargumente, sobald deine Produkte eingesetzt werden?
- *Warum sind sie so werthaltig für die Organisation?*
- *Welche Kosten- und Zeitersparnisse gibt es?*
- ...

Was unterscheidet deine Lösung von der bisherigen Lösung, die diese Vorteile nicht bringen konnte?
- *Was sonst noch? Wie macht sich das in Ihrem Bereich bemerkbar?*
- *Und was sonst noch?*
- *Welchen konkreten Wert hat das für Ihre Organisation?*
- ...

Sie sprachen davon, dass eine Zusammenarbeit mit uns dazu beiträgt, zu reduzieren bzw. zu steigern...
- *Warum ist das so wichtig für Sie?*
- *Wie bewerten Sie ganz konkret diesen Nutzen?*
- *Welche anderen Unternehmensbereiche partizipieren von der Entscheidung?*
- *Erzählen Sie mir mehr über die anderen Bereiche*
- ...

Was hat sich verändert, nachdem unsere Produkte/Service/ Dienstleistungen bei Ihnen eingesetzt wurden?
- *Welche Auswirkungen hat das...?*
- *Welchen Effekt hatte das...?*
- *Welche Konsequenzen hat das für...?*
- *Welchen besonderen Effekt hatte das im Bereich...?*
- *Welche Quantität haben diese besonderen Werte?*
- ...

Wie hat diese Lösung dazu beigetragen, die gesteckten Ziele zu erreichen?
- *Welchen konkreten Wert hat das in Euro?*
- *Welche Probleme haben sich dadurch erledigt?*
- ...

Stell diese Fragen an mehr als eine Person in deinem Kunden und Interessentenkreis. Sprich zu den Personen in den anderen Bereichen und in anderen Positionen. Sie haben alle eine besondere Perspektive auf die Probleme und die Lösungen. Sprichst du mit vielen Personen, dann wirst du viele Informationen bekommen und solche, die du schon kennst und andere, die völlig neu für dich sind. Das führt dich dann zu einer neuen und besonderen NUTZEN-Argumentation.

Überprüf von Zeit zu Zeit deine Argumentation, in dem du dir deine Ergebnisse anschaust. Jährliche Ziele sind immer aussagekräftiger als Monats- oder Quartalsziele.

Der Köder muss immer dem Fisch schmecken – nicht dem Angler!
Für dich bedeutet dass, dring in die Welt deines Interessenten ein. Es spielt keine Rolle, was *dich* an den Produkten begeistert, sondern stell die Wünsche und Bedürfnisse *deines* Gesprächspartners in den Mittelpunkt.

Denk daran, dass es Menschen gibt, die völlig verrückte Erwartungen und Wünsche an ein Produkt haben.
(Oder warum gibt es Menschen, die nächtelang in der Schlange warten, nur um eines der neuen iPhone zu erhalten?)

12. Weitere Ideen, um den werthaltigen Nutzen zu finden

Indem du deinem Kunden weitergehende offene Fragen stellst, wirst du immer mehr Informationen über das Unternehmen bekommen. Dann verstehst du auch besser die Basis für dein Angebot. Sicher ist es schwierig, weitere Gesprächstermine mit Ihnen zu vereinbaren. Vielleicht hat es auch zwischenzeitlich einen Personalwechsel unter den Entscheidern gegeben und dein bisheriger Ansprechpartner hat das Unternehmen verlassen. Oder sie haben dir immer noch nicht den wahren Wert deines Angebotes mitgeteilt. Wenn das zutreffen sollte, dann gibt es alternative Strategien für dich.

Mach doch ein brainstorming mit den Kollegen

Setzt dich mit deinen Kollegen zusammen und besprich den werthaltigen Nutzen deines Angebotes. Deine Kollegen verfügen ja ebenfalls über ein breites Fachwissen und das trägt dazu bei, dass du weitere Meinungen zu deinem Angebot bekommst und sich somit ein neues Gesamtbild für dich ergibt.

Überarbeite deine Marketing-Unterlagen. Denk immer darüber nach, wie viel deine Kunden tatsächlich wissen. Hier kommen einige Punkte, die deine Diskussionen anregen sollten:

Wie verändern deine Produkte und Dienstleistungen den Reingewinn oder die Kosten?
- *Was bedeutet das konkret?*
- *Welche Zeit wird eingespart?*
- *Welchen konkreten Euro-Wert kannst du angeben?*
- *Welchen immateriellen Wert bietest du zusätzlich an?*

Welche positiven Auswirkungen haben deine Produkte und Dienstleistungen für deinen Kunden, wenn du zusätzlichen Umsatz generierst?
- *Was bedeutet das konkret?*
- *Welchen konkreten Euro-Wert kannst du angeben?*
- *Welchen immateriellen Wert bietest du zusätzlich an?*

Bekommen deine Kunden mit dem Einsatz deiner Produkte und Dienstleistungen bestimmte Wettbewerbsvorteile?
- *Was bedeutet das konkret?*
- *Welchen konkreten Euro-Wert kannst du angeben?*
- *Welche weichen Faktoren gehören noch dazu?*

Welchen Einfluss haben deine Produkte und Dienstleistungen auf die Produkte der Kunden deiner Kunden?
- *Was bedeutet das konkret?*
- *Welchen konkreten Euro-Wert kannst du angeben?*
- *Welchen immateriellen Wert bietest du zusätzlich an?*

Falls noch keine außergewöhnlichen Ergebnisse in der Diskussion aufkommen, dann stell immer wieder die Frage: *„Und wenn ...?"*
- *Und wenn das ein effizienteres System ist?*
- *Und wenn wir einen veränderten Prozess haben?*
- *Und wenn das eine wesentlich bessere Qualität ist?*
- *Und wenn die Kommunikation sich dadurch erheblich verbessert?*
- *Und wenn die vorgegebenen Ziele bereits drei Tage vorher erreicht werden?*
- *Und wenn die Arbeitsmoral sich massiv steigern lässt?*

Je mehr Fragen du stellst, umso eher wirst du an dem Punkt ankommen, an dem du die wahren Werte und Nutzen vermitteln wirst. Schau konkret darauf, was dein Angebot der gesamten Organisation bringen wird. Welche finanziellen Auswirkungen werden deine Produkte und Dienstleistungen auf das Unternehmen haben? Versetz dich in die Lage deines Gesprächspartners: Wie werden Sie mit deinen Produkten und Dienstleistungen mehr und bessere Geschäfte machen?

Denk immer daran: nur die wenigsten Verkäufer sind überhaupt in der Lage, den wahren Nutzen zu vermitteln. Setz dir das Ziel, täglich werthaltigen Nutzen zu vermitteln. Je mehr du übst, umso erfolgreicher wirst du in deiner Argumentation sein.

Setz dich auch mit deinen Kollegen und Freunden zusammen und erarbeite mit ihnen eine werthaltige und nutzenorientierte Argumentation.

Arbeite mit Industrie-Standards

In manchen Fällen ist es schwierig, mit exakten Daten und Fakten zu arbeiten. Da bietet es sich an, auf Industrie-Standards zurückzugreifen. Hier kommen einige Beispiele:
- 90% des vermittelten Trainings sind nach drei Monaten vergessen, wenn es nicht permanent geübt wird.
- 60% ihrer Zeit sollen die Führungskräfte mit dem Coaching ihrer Mitarbeiter verbringen.
- 70% von dem was wir selber sagen, behalten wir.
- 90% von dem was wir selber tun, behalten wir.
- 80% aller Verkäufer gehören zum Durchschnitt, die restlichen 20% zählen zu den Topp-20%-Verkäufern
- 16% der Einkäufer kaufen nur über den Preis, für weitere 20% spielt der Preis keine Rolle. Für 64% spielt der Preis *eine* Rolle, aber nicht *die* Rolle.

Denk bitte einmal intensiv über dein Geschäft nach. Sicher wirst du einige weitere Standard-Daten bekommen. Diese Informationen können für deinen Auftrag sehr entscheidend sein.

13. NUTZEN-Argumentation und neue Produkte

Werden neue Produkte oder Dienstleistungen auf dem Markt gebracht, so tun sich die Unternehmen schwer, den richtigen Nutzen zu vermitteln. In einer Studie von Siebel habe ich gelesen, dass in 75% der Fälle nur ein unvollständiger Nutzen geliefert wurde und die neuen Produkte deswegen nicht durchstarten konnten.

In Rahmen meiner Beratertätigkeit hatte ich auch für ein Unternehmen gearbeitet, die ein neues digitales Drucksystem auf den Markt brachten. Dieses Unternehmen war doch tatsächlich der Meinung, dass die neuen Druckfarben den Nutzen darstellten und so wurde es auch kommuniziert.

Die Absatzzahlen ließen jedoch die ersten Zweifel aufkommen. Bei meiner Projektanalyse wurde mir von den Anwendern (den neuen Kunden) folgendes mitgeteilt:

- Die Mitarbeiteranzahl konnte bei gleichem Auftragsbestand um 1/3 reduziert werden
- Freiwerdende Mitarbeiter konnten anderweitig im Unternehmen eingesetzt werden
- Erhöhung der durchschnittlichen Auftragsgröße auf 2.500 Euro
- Reduzierung der Lieferzeit von 6 Tagen auf 2 Tage

Das sind doch die wahren Nutzen gewesen für den Verkäufer. Doch sie haben sich nur auf die Vorteile und Eigenschaften konzentriert. Die neuen Farben sind großartig, aber es war einfach kein Verkaufsargument. Kunden fragen sich immer: „Was bringt es mir?" Versetz dich in die Lage deines Kunden.

Frag doch einfach deine Kunden. Vergiss die Argumente wie zum Beispiel: *„Es beschleunigt den Verarbeitungsprozess"* oder *„Es ist kompatibel zu den bisherigen Systemen".* Stell Fragen wie zum Beispiel:

- *Was bedeutet das für Sie? Warum ist das für Sie so werthaltig?*
- *Wie unterstützt Sie das?*
- *Was ist der eindeutige Nutzen für Sie?*
- *Was bedeutet die höhere Geschwindigkeit für Sie?*
- *Was bringt das zusätzlich Ihrem Unternehmen ein?*
- *Welche Auswirkungen hat das für die anderen Bereiche im Unternehmen?*
- *Was bedeutet das bezogen auf die Kosten für Sie?*

Solche Fragen bringen dich weiter, um den klaren Nutzen deines Angebotes zu vermitteln. Je mehr du von deinem Kunden weißt umso besser ist deine NUTZEN-Argumentation. Je besser deine NUTZEN-Argumentation ist, umso schneller bekommst du deinen Auftrag.

Du kannst auch das von mir entwickelte Nutzendokument einsetzen. Leg das deinen Kunden vor und lass sie selbst herausfinden, welchen Nutzen sie ganz konkret davon haben.

14. So setzt du die NUTZEN-Argumentation ein

Mit der richtigen NUTZEN-Argumentation wirst du schneller zu Terminen mit den Entscheidern kommen. Du hast ja sicher schon festgestellt, dass deine Gesprächspartner immer weniger Zeit haben, um sich mit irgendwelchen Verkäufern zu treffen. Da ist es wichtig, mit entsprechenden Nutzenargumenten direkt ins Schwarze zu treffen und so die Sprache der Entscheider zu sprechen.

Deine werthaltige und nutzenorientierte Argumentation solltest du ebenfalls einsetzen:
- Bei der Entwicklung eines Gesprächsleitfadens am Telefon um den Nutzen in 12 Sekunden (Match-Pitch) zu vermitteln
- In einem Akquisitionsbrief an deine Kunden
- Als ein Marketinginstrument für die unterschiedlichen Aktivitäten in allen Unterlagen
- Als Basis für deine individuellen Präsentationen etc.

Aufgrund meiner Begleitung von über 1.550 Verkäufern gibt es noch einen Punkt, der mir doch sehr am Herzen liegt. Diese NUTZEN-Argumentation wirst du nur überzeugend darstellen, wenn du von dir, dem Unternehmen und seinen Produkten wirklich überzeugt bist. Deswegen hier die drei Glaubenssätze:
- *Ich glaube an mich.*
- *Ich glaube an das Unternehmen.*
- *Ich glaube an die Produkte und Dienstleistungen.*

Fehlt dir der Glaube an einem Punkt, dann merkt das dein Kunde sofort an deiner Stimme und deiner Körpersprache.

Eine werthaltige und nutzenorientierte Argumentation ist immer eine klare Aussage mit messbaren Ergebnissen. Je detaillierter diese Werte sind, umso schneller kommen die positiven Ergebnisse.

15. NUTZEN-Generator

Kunden und Interessenten interessiert überhaupt nicht, was du verkaufst. Sie sind nur daran interessiert, was es ihnen bringt. Deswegen ist heute die Antwort auf die Frage: *„Was bringt mir das?"* so wichtig. Das ist dann eine ganz klare Aussage über das, was dein Kunde letztlich davon hat, sobald er deine Produkte oder Dienstleistungen einsetzt.

Damit es dir gelingt, eine kraftvolle und überzeugende NUTZEN-Argumentation zu erstellen, habe ich für dich diesen NUTZEN-Generator entwickelt:

> „Kein Kunde kauft jemals ein Erzeugnis.
> Er kauft immer das,
> was das Erzeugnis konkret für ihn leistet."
>
> Peter F. Drucker

#1: Geschäftliche Gründe:

Bestimme die echten Gründe, warum Interessenten an deinem Angebot interessiert sein könnten. Auf diese Punkte achten Führungskräfte besonders intensiv:

Terminquote	Abschlussquote	Angebotsquote	Interessenten-Anfragequote
Übereinstimmung	Beitreiben	Ausfallzeiten	Laufzeiten
Umsatzkosten	Betriebskosten	Arbeitskosten	Produktivität
Profitabilität	Verlust	Gewinnzone	Kundenbindung
Verdienstspanne	Marktanteil	Vorlaufzeiten	Mitarbeiterstand
Inventurveränderungen	Kunden-Nutzen	Minimierung Ausschuss	Schnelle Projekt-Realisierung
Image	Betriebsklima	Wettbewerbsvorteile	Minimierung Risiko
Einfache Bestellvorgänge	Bündelung von Einkaufsmengen	Zuverlässige und termingerechte Abwicklung	Verantwortlicher Ansprechpartner im Unternehmen
Neueste Technologie	Kompatibilität	Einfache Bedienung, Verarbeitung und Wartung	Vereinfachung, Verkleinerung, Gewichtsersparnis von Elementen
Bearbeitungskosten			

#2. Veränderungen:

Kunden werden nur dann Veränderungen durchführen, wenn der derzeitige „Staus Quo" besser wird. Zu einem werthaltigen NUTZEN gehören die Veränderungen und Verbesserungen.

Steigern	Abschneiden	Verbessern
Sichern	Freisetzen	Erneuern
Reduzieren	Vermeiden	Drücken
Beseitigen	Schrumpfen	Beschleunigen
Ausbauen	Erhöhen	Ausgleichen
Minimieren	Maximieren	Gewinnen
Profitieren		

#3. Messdaten

Noch glaubwürdiger werden deine NUTZEN-Argumente, wenn du konkrete Daten vermitteln kannst. Bitte die Daten weder auf- noch abrunden, je detaillierter umso besser.

Zeitrahmen	Euro-Beträge	Prozentsätze

#4. Brückensätze

Brückensätze tragen dazu bei, dass dein Gesprächspartner noch schneller den Nutzen erkennt.

Das bedeutet.....	Damit erreichen Sie.....	Sie profitieren.....
Sie gewinnen.....	Sie erzielen dadurch.....	Das garantiert Ihnen.....
Das erspart Ihnen.....	Das stellt für Sie sicher.....	Sie verbessern damit.....
Damit steigern Sie.....	Sie reduzieren dadurch.....	Das schützt vor.....
Das verhindert.....	Das erleichtert Ihnen.....	Das senkt Ihre.....

Einige Beispiele:

Internet-Marketing:
„Wir haben bei dem Händler die Abschlussquote um 41% und den durchschnittlichen Auftragswert um 24% gesteigert. Das bedeutet in dem Fall ein zusätzliches Auftragsvolumen von 210.000 Euro – wie interessant ist das für Sie?"

Dokumenten-Management:
„Wir haben bei dem Händler die Bearbeitungskosten um 67,2% reduziert und gleichzeitig die Kundenzufriedenheit um 11% gesteigert – und das in 3 Monaten. Nach 12 Monaten hat sich das System bereits amortisiert. Wie interessant ist das für Sie?"

Verkaufstraining:

„Wir haben die Unternehmen dabei unterstützt, verschiedene Großkunden zu gewinnen. Einer unserer Kunden hatte eine Erfolgsquote von 87% bei der Gewinnung von Neukunden und wir konnten den Verkaufszyklus erheblich reduzieren. Das bedeutet für ihn einen Neu-Umsatz in Höhe von 1,4 Mio. Euro bereits im ersten Jahr – was bedeutet das für Sie?

Logistik:

„Schönen guten Tag Herr Müller - hier ist Vorname Nachname von der ABC-GmbH. Darf ich direkt auf den Punkt kommen?"

Sprechpause

„Prima, Herr Müller, ich rufe Sie an, weil wir einige Transportunternehmen dabei unterstützt haben, die Ladekapazität Ihrer LKWs um bis zu 40% zu steigern. Derzeit verspüren ja viele Speditionen starken Druck bei den Margen.

Ist es okay für Sie, wenn ich Ihnen drei Fragen stelle um zu prüfen, inwieweit Ihr Unternehmen ebenfalls davon profitieren kann?"

Finanzdienstleistung:

Herr/Frau xyz, Sie haben ja einige Geldanlagen bei mir getätigt. Sie sprachen davon, dass Ihnen eine Ausgewogenheit zwischen Rendite und Sicherheit wichtig ist – stimmt's?

Aus diesem Grund rufe ich Sie heute an, um mit Ihnen einen weiteren Termin zu vereinbaren um darüber zu sprechen, wie die aktuellen Schwankungen bei der Geldanlage für Sie zu minimieren sind. Mein Terminangebot ist Wochentag – Datum – Uhrzeit – wie sieht es da bei Ihnen aus?"

Verkaufen ist Arbeit,
Erfolgreich verkaufen ist harte Arbeit.

Der überwiegende Teil der Verkäufer ist nicht bereit, diesen Weg zu gehen.

Erst wenn du diesen Weg gegangen bist, wirst du auf einfache und entspannte Art mehr verkaufen.

16. Nutzenerwartungen deiner Gesprächspartner

Nutzenerwartungen von Einkäufern:

- Einfache Bestellvorgänge,
- geringer Verwaltungsaufwand
- Übersichtliche Anzahl von Lieferanten, damit verbundene Bündelung von Einkaufsmengen und Anzahl der Bestellungen
- Zuverlässige, termingerechte Abwicklung,
- flexible und schnelle Lieferung
- Attraktives Preis-/Leistungs-Verhältnis
- Ein kompetenter Ansprechpartner im Unternehmen

Nutzenerwartungen von Technikern:

- Zuverlässige Technik, sichere Funktionen
- Reibungsloser Produktionsablauf als Grundlage für eine kostenoptimierte Fertigung
- *„Stand der Technik"*, raffinierte technische Lösungen
- Kompatibilität
- Geringe Durchlaufzeiten, einfache Produktionsprozesse
- Berücksichtigung bestehender Abläufe
- Einfache Bedienung, Verarbeitung, Wartung
- Vereinfachung, Verkleinerung, Gewichtsersparnis usw. von Elementen und Baugruppen

Nutzenerwartungen von Geschäftsführern:

- Auswirkungen auf Gewinn, Kosten, Umsatz, Image, Betriebsklima, Organisation
- Strategische Aspekte wie Erzielen von Wettbewerbsvorteilen
- Verminderung von Risiken
- Einsatz innovativer Produkte
- Reibungsloser Ablauf in der Produktion
- Reduzierung der Durchlaufzeiten von neuen Projekten
- Steigerung der Lebensqualität bei allen Mitarbeitern
- Motiviertes Verkaufsteam
- Begeisterung im Tagesgeschäft
- Weniger Stress, Krankheit und mentale Müdigkeit

17. Übung I: Erarbeite deine NUTZEN-Argumentation

#1: Beschreib die derzeitige Situation bei deinem Kunden/ Interessenten

Ohne dein Produkt und ohne deine Dienstleistung, wie wird heute gearbeitet?

_____

_____

_____

_____

_____

_____

_____

_____

#2: Definier die Probleme bzw. Unterschiede

Welche Probleme werden mit deinem Angebot erledigt? Welche zusätzlichen Möglichkeiten entstehen?

_____

_____

_____

_____

_____

_____

_____

_____

#3: Klär die geschäftlichen Auswirkungen

Welche Auswirkungen hat das auf die anderen Unternehmensbereiche?

#4: Beschreib die werthaltigen und nutzenorientierten Argumente

Was bringt es deinem Kunden? Was hat er davon?

_____

_____

_____

_____

_____

_____

_____

18. Übung #2: Schreib deine NUTZEN-Argumente auf

Denk immer daran: Es geht hier nicht um das Produkt, sondern darum, was das Produkt kann oder was es tut.

„Was bringt mir das?" ist die Frage des Interessenten. Wie kannst du dazu beitragen, damit der Umsatz steigt? Das ist eine wichtige Frage für den Interessenten/Kunden. Hier gebe ich dir einige Beispiele: Umsatz steigern, Kosten senken, Verkürzung der Implementierung, schnelleres Einarbeiten, individuelle Lösung, mehr Kunden akquirieren, erweitern der neuesten Technologie, Loyalität der Kunden steigern,

Als Ergebnis könnte es sein, dass Kosten reduziert, eliminiert oder minimiert werden. Andererseits können auch bestimmte Punkte dazu beitragen, dass damit etwas gewonnen wird. Sie gewinnen dadurch, Sie profitieren, Sie erzielen damit...

Welchen Prozentsatz erreichen deine Kunden damit, wenn sie steigern oder reduzieren? Einen genauen Wert zu erwähnen ist okay, muss aber nicht sein.

Was gewinnt dein Kunde mit dem Einsatz deiner Produkte? Hier kannst du zurückgreifen auf die bereits erstellte Übersicht für deine drei wichtigsten Produkte und Dienstleistungen.

Meine NUTZEN-Argumente:

_____

_____

_____

_____

_____

_____

_____

Überarbeite diese Liste und formuliere deinen Einstiegssatz am Telefon. Du hast 12 Sekunden Zeit, deinen Nutzen zu vermitteln.

Du: *„Schönen guten Tag Herr/Frau ......, ich bin Vorname Nachname von der ....GmbH in .... Darf ich direkt auf den Punkt kommen?"*

Gesprächspartner: *„Ja gerne, legen Sie los."*

Du: *„Prima, Herr/Frau ....*

....

....

....

....

....

19. Deine Mehr-WERT-Strategie

1. Wiegt für den Kunden der Preis schwerer als der Wert eines Produktes, wird er versuchen, einen geringeren Preis zu erzielen.

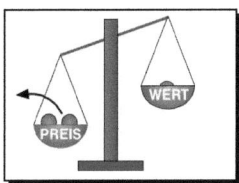

2. Statt im Preis nachzugeben, solltest du den Wert des Produktes erhöhen (Nutzenargumentation).

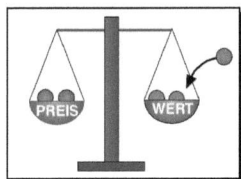

3. Je deutlicher der Nutzen wird, desto leichter die Preisverhandlung, weil jetzt das Produkt (mehr als) preisWERT erscheint.

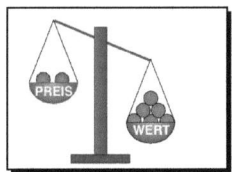

20. Der Schlüssel zu deinem Gesprächspartner

Du erinnerst dich noch an die sechs wichtigen Kaufmotive? Hier liste ich sie für dich auf:

- Profit
- Sicherheit/Gesundheit
- Komfort
- Ansehen
- Freude
- Ökologie und Umwelt

Deine nächste Aufgabe besteht jetzt darin, für deinen Gesprächspartner den passenden Schlüssel für die richtige Argumentation zu finden. Den Schlüssel kannst du dir jetzt wie folgt vorstellen:

Hast du bei deinen Kaufmotiven herausgefunden, was die zwei wichtigsten Kaufmotive deines Gesprächspartners sind, so wirst du – wie in der Grafik dargestellt – mit Priorität Profit und Prestige ansprechen.

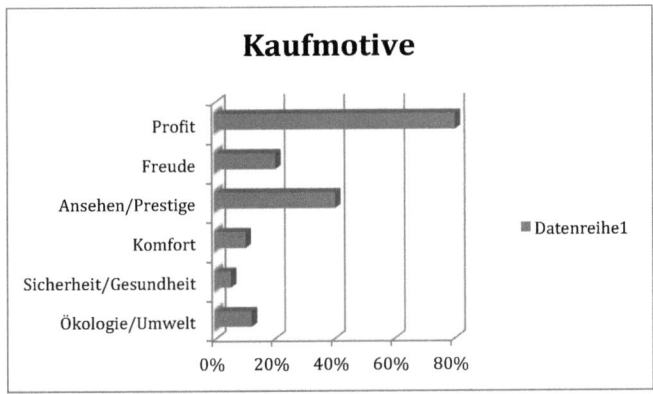

Resümee:

Die Art der Vermittlung dieser Kaufmotive mag zwar von Produkt zu Produkt unterschiedlich sein, aber grundsätzlich verändern sie sich nicht. Was sich verändert, ist die Relevanz der einzelnen Faktoren. Der eine legt mehr Wert auf Sicherheit, der andere mehr auf Prestige, bei einem steht die Wirtschaftlichkeit, beim anderen die Freude, Stolz oder Ökologie im Vordergrund.

Es gilt also, ein möglichst präzises Profil des jeweiligen Kunden zu erstellen und daraus die gesamte Argumentationsstrategie abzuleiten. Dazu brauchen wir den exakten, passenden Schlüssel. Ich vergleiche das gerne mit der Telefonnummer meines iPhones: 0171-650 56 90 – nur wenn du exakt diese Nummer eintippst, erreichst du mich. Gibst du am Ende die 89 oder die 91 ein - es sitzt keiner hier in meinem Umfeld, der über eine solche Nummer zu erreichen ist. Du siehst also, der Schlüssel ist einzigartig. Und wenn der Schlüssel einzigartig ist, dann hast du auch den Zugang zu deinem Gesprächspartner gefunden.

Bist du in der Lage, den richtigen Schlüssel zu entwickeln?

Das, was wir Menschen denken, sorgt für unsere Ausstrahlung und was wir ausstrahlen, werden wir auch anziehen.

Alfred Herrhausen

Wie denkst du über deine Kunden und Interessenten? Wie oft gehst du mit vorgefassten Meinungen ins Gespräch und projizierst damit bestimmte Verhaltensweisen auf deine Gesprächspartner?

Mit Sicherheit passiert das häufig und dein Gesprächspartner merkt es: Seine Empfindungen wird er dir natürlich nicht mitteilen, sondern er wird dich an deiner empfindlichsten Stelle treffen: am Preis. Die Aussage: *„Zu teuer"* ist sehr häufig die Aussage: *„Ich merke, dass du mich nicht magst und jetzt zeige ich dir, wie verletzlich du beim Thema Preis bist"* oder er denkt: *„Wer will denn was von wem, ich will nichts von Ihnen. Sie wollen doch den Auftrag von mir."*

Deswegen werden viele Preisgespräche geführt, weil es in der zwischenmenschlichen Beziehung nicht klappt. Weil der Kunde sich nicht verstanden fühlt und nicht nur seine Chance sieht, den Preis zu drücken, sondern vom Verkäufer rein psychologisch gesehen, regelrecht dazu gezwungen wird.

21. Wie du mit dem Wort „*Warum*" eine Umsatzsteigerung von 23 % erzielst

Je qualifizierter deine Fragen in der Bedarfsanalyse sind, um so eher bist du in der Lage, die speziellen Wünsche, Träume und Bedürfnisse aktiv zu visualisieren und erzeugst damit das Endergebnis im Kopf deines Gesprächspartners.

Hat dein Gesprächspartner dieses Ergebnis bildlich im Kopf, dann ist er bereit, zu kaufen. Produkte sind für ihn nur Mittel zum Zweck. Er kauft immer das, was das Produkt für ihn leistet.

Wichtig ist die Antwort auf die Frage: *„Was bringt mir das?"*

Mein besonderer Tipp:

Wenn du im Verkaufsgespräch das Wörtchen *„Warum"* im Kopf hast, kommst du ganz automatisch zu einer stringenten Argumentationskette, mit der du deinen Gesprächspartner überzeugen und ihm Zweifel nehmen kannst.

Beispiel *„Mit dieser Funktion sparen Sie Geld."* (Warum?) *„Weil Sie damit die Kopierkosten halbieren."* (Warum?) *„Denn durch den automatischen Doppelseitendruck braucht niemand mehr erst Vorder-, dann Rückseite bedrucken. Beides passiert in einem Gang. Dadurch halbieren sich die Papierkosten – und die Kopierzeit!"*

Sie sehen: Mit dem Wörtchen *„Warum"* im Hinterkopf kommst du zu einer überzeugenden Argumentationskette – bevor der Kunde fragt oder bevor die in ihm nagenden Zweifel überhand nehmen. Ergebnis: Deine Abschlussquote steigt!

22. Lass dich nicht aufhalten

Wenn wir unseren Zielen, Träumen und Wünschen entgegengehen, werden wir früher oder später mit unserem Nicht-Wissen oder Nicht-Können konfrontiert. Wir müssen etwas tun oder bewältigen, von dem wir nicht die blasseste Ahnung haben. Oder vielleicht sind wir in der Vergangenheit sogar schon an einer ähnlichen Sache gescheitert.

An dieser Stelle haben wir zwei Möglichkeiten:

1. Wir können sagen: *"Okay, das war's. Sollte nicht sein. Schade."*
2. Oder wir sagen: *"Ich kann das **noch** nicht. Egal, ich versuche es einfach **trotzdem**. Ich werde es auf dem Weg schon lernen."*

Du kannst dich von deiner Inkompetenz einschüchtern lassen. Oder du kannst sagen: Kompetenz entsteht durch Lernen und Tun, also los...

Es gibt übrigens noch einen 3. Weg, den viele Menschen wählen:

Dieser Weg lautet: Ich mache erst einmal eine Ausbildung oder Weiterbildung in dem Bereich. Das ist grundsätzlich auch nicht schlecht. Oft ist eine Ausbildung oder Weiterbildung allerdings nur eine Art, sich vor der wirklichen Herausforderung zu drücken. Oft ist eine Ausbildung nur eine Verzögerungsstrategie. Oder man sucht einen Schonraum, in dem man sich nicht mit der wirklichen Welt mit den wirklichen Herausforderungen auseinandersetzen muss.
Nicht falsch verstehen: Weiterbildung ist wichtig. Aber es ist genauso wichtig, dass Sie so schnell wie möglich anfangen, Ihre Träume und Ziele zu verwirklichen, egal ob Sie Ihre Weiterbildung schon abgeschlossen haben oder nicht.

Meine Erfahrung ist:

Das wahre Lernen und Wachsen passiert nicht im Seminar, sondern im wirklichen Leben. Am besten lernst du, in dem du etwas ausprobierst, in dem du experimentierst, in dem du an einem realen Projekt in der wirklichen Welt arbeitest. Dann bekommst du Praxiswissen und Praxiserfahrungen und du kannst die Theorie viel besser einsortieren.

> Behandelst du Menschen wie sie sind,
> so behandelst du sie schlechter.
>
> Behandelst du sie wie sie sein können,
> machst du sie besser.
>
> Johann Wolfgang von Goethe

23. Vorteil/Nutzen: Zehn Beispiele

Beispiel #1:

Produkt:	PKW mit Automatik-Getriebe
Produkt-Merkmal:	Automatik
Vorteil:	Automatisches Rauf- und Runterschalten
Brückensatz:	Das bedeutet für Sie...
Nutzen:	Entspanntes Fahren Volle Konzentration auf den fließenden Verkehr
Abschließende Frage:	Wie interessant ist das für Sie?
Kaufmotiv:	Sicherheit, Bequemlichkeit

Beispiel #2:

Produkt:	Digitalkamera
Produkt-Merkmal:	16facher optischer Zoom
Vorteil:	Weit entfernt stehende Objekte werden herangeholt Sie ersparen sich den Weg ins Wildgehege
Brückensatz:	Das bedeutet für Sie...
Nutzen:	Sichere Aufnahmen von Raubtieren in freier Wildbahn
Abschließende Frage:	Zahlen Sie bar oder mit Karte?
Kaufmotiv:	Sicherheit

Beispiel #3:

Produkt:	Kopierer
Produkt-Merkmal:	Sortierfach
Vorteil:	Sortiert die Kopien automatisch
Brückensatz:	Damit erreichen Sie, dass
Nutzen:	Die Kopiervorgänge erheblich schneller abgewickelt werden
Abschließende Frage:	Was bedeutet das für Ihr Unternehmen?
Kaufmotiv:	Gewinn, Sicherheit, Hohe Anmutungsqualität der Unterlagen

Beispiel #4:

Produkt:	Mähmaschine
Produkt-Merkmal:	Der automatische Mäher hat eine Mähleitung von 3 qm/Minute.
Vorteil:	Aufgrund seiner Effizenz spart der neue Mäher 25% Ihrer Arbeitszeit."
Brückensatz:	Konkret für die von Ihnen zu mähende Fläche bedeutet das, dass
Nutzen:	Sie durch den Einsatz des neuen Mähers zwei Saisonkräfte ein sparen.
Abschließende Frage:	Was heißt das konkret in Euro?
Kaufmotiv:	Gewinn,

Beispiel #5:

Produkt:	Verkaufstraining
Produkt-Merkmal:	Praxisidentisches Training
Vorteil:	Die Mitarbeiter werden mit Begeisterung die trainierten Themen im Tagesgeschäft umsetzen.
Brückensatz:	Das bringt Ihnen
Nutzen:	Mehr Termine, mehr Aufträge und somit mehr Umsatz.
Abschließende Frage:	Was bedeutet es für Sie, wenn mit der bestehenden Vertriebsmannschaft ein Umsatzplus von 14 Prozent erreicht wird?
Kaufmotiv:	Gewinn, Ansehen,

Beispiel #6:

Produkt:	Universal-Bohrmaschine
Produkt-Merkmal:	Spezialkunststoff aus der Raumfahrt
Vorteil:	Leichtes Gerät
Brückensatz:	Das bedeutet für Sie...
Nutzen:	Diese Bohrmaschine ist so leicht, dass auch bei häufigen Über-Kopf-Arbeiten die Arme nicht schwer werden und die Arbeit somit leichter von der Hand geht.
Abschließende Frage:	Wie viele Bohrmaschinen benötigen Sie?
Kaufmotiv:	Bequemlichkeit, Komfort, Prestige

Beispiel #7:

Produkt:	Innovatives Messgerät
Produkt-Merkmal:	Neueste Technologie aus der Raumfahrt
Vorteil:	Noch präzisere Messungen
Brückensatz:	Das bedeutet für Sie...
Nutzen:	Eine Senkung der Fertigungskosten um 11%
Abschließende Frage:	Wie viele Geräte umfasst Ihre Erstbestellung?
Kaufmotiv:	Sicherheit, Profit,

Beispiel #8:

Produkt:	Fenster
Produkt-Merkmal:	besondere Dichtungen
Vorteil:	Dauerelastische und verschweißte Dichtungen in den Fensterflügeln
Brückensatz:	Das bringt Ihnen..
Nutzen:	Garantiert keine Zugluft eine beträchtliche Heizkostenersparnis
Abschließende Frage:	Wann sollen die Fenster eingebaut werden?
Kaufmotiv:	Gewinn, Komfort, Gemütlichkeit

Beispiel #9:

Produkt:	Anzug/Kostüm
Produkt-Merkmal:	Besonderer Stoff
Vorteil:	Knitterarm
Brückensatz:	Das bedeutet für Sie...
Nutzen:	Gerade für Sie als Verkäufer ist es wichtig, dass selbst nach 300 KM Autofahrt das Sakko gepflegt aussieht und Sie weiterhin bei Ihrem Kunden eine gute Figur abgeben.
Abschließende Frage:	Welche Farbvariante bevorzugen Sie?
Kaufmotiv:	Komfort, Prestige, Gutes Aussehen

Beispiel #10:

Produkt:	Software
Produkt-Merkmal:	Speziell für Speditionen
Vorteil:	Exakte Berechnung der Ladekapazitäten
Brückensatz:	Das erreichen Sie...
Nutzen:	Eine Steigerung der Ladekapazitäten um bis zu 40 Prozent.
Abschließende Frage:	Wie viele Fahrzeuge sind bei Ihnen täglich im Einsatz?
Kaufmotiv:	Profit, Gewinn, Ökologie

24. Was du tatsächlich verkaufst

Wir verkaufen anstelle von:	Sondern die Idee:
Möbel	Gemütlichkeit
Fertigmenu	Einfache Zubereitung
Haar Gel	Gutes Aussehen
Kleidung	Selbstwertgefühl
Flugtickets	Ferienerlebnisse
Verpackung	Unbeschädigte Lieferung
Versicherungen	Sicherheit
10 mm Bohrer	Bohrloch 10 mm
Tageszeitung	Informationen, Bildung
Rollstuhl	Mobilität
Mercedes	Mobilität, Sicherheit, Prestige
iPhone	Life-Style, Prestige
Verkaufstraining	Mehr Termine. Mehr Umsatz.
Teamtraining	Schnellere Projekt-Realisierung

25. Deine fünf größten Feinde im Verkauf

Verkäuferfeind #5: Der Technik-Guru

Typische Berufsbezeichnung: Leiter Technik, Leitender Ingenieur, Chef-Programmierer, Technischer Leiter, neuerdings auch gerne Head Engineer, CTO Chief Technical Officer

Persönliches Markenzeichen: Er ist stolz auf sein technisches Wissen. Er ist überzeugt davon, dass alle Kunden von seinem Wissen beeindruckt sind.

Warum er dein Feind ist: Er glaubt, dass sich die Produkte von alleine verkaufen und alle Verkäufer nur Parasiten sind.

Wie er dich unter Druck setzt: Wenn er Kunden trifft, dann malt er ihnen lang und breit auf, wie die Produkte arbeiten und das sie die besten auf der Welt sind. Und wenn die Gesprächspartner seinen Erklärungen nicht folgen können, dann bezeichnet er sie als Dummköpfe.

Wie du mit ihm kooperieren kannst: Halte ihn fern von deinen Kunden. Wenn sich allerdings ein solcher Kontakt nicht vermeiden lässt, dann bereite deine Kunden vorausschauend auf das Ereignis vor. Sie werden ihn dann nicht für seriös nehmen.

Warnung: Er wird dich gnadenlos schlecht machen, wenn du seine Kompetenzen in Frage stellst.

Verkäuferfeind #4: Der Erbsenzähler

Typische Berufsbezeichnung: Finanz-Chef, Leiter Finanzen, Leiter Controlling, Leiter Buchhaltung, neuerdings auch gerne Head-Account, CFO Chief Financial Officer

Persönliches Markenzeichen: Denkt nur darüber nach, wie er Geld einsparen kann. Spielt für ihn keine Rolle, welche Kosten dadurch auftreten.

Warum er dein Feind ist: Er sieht den Verkauf als Kosten an und weniger als einen wichtigen Unternehmenskern.

Wie er dich unter Druck setzt: Er entwickelt Regeln und Durchführungsverordnungen, die einen Verkauf unmöglich machen. Beispiel: Radikale Reduzierung des Reisekosten-Budgets für Verkäufer, die nur noch in einem begrenzten Radius ihre Kunden und Interessenten besuchen können.

Wie du mit ihm kooperieren kannst: Bereite ihn auf entspannte Art darauf vor, wie viel Umsatz und Profit allein bei dir dadurch verloren gehen. Bereite eine Excel-Datei o.ä. vor und beeindrucke ihn mit deinen Zahlen.

Warnung: Sobald du frustriert bist, wird ihn das nur noch stärker ermuntern. Er weiß, wenn du dich unwohl fühlst, hat er einen guten Job gemacht.

Verkäuferfeind #3: Der böse Mann

Typische Berufsbezeichnung: Leiter Marketing, Vize-Präsident Marketing, Marketing-Manager, neuerdings auch gerne CMO Chief Marketing Officer,

Persönliches Markenzeichen: Er geht davon aus, dass Marketing den Vertrieb steuert. Oder das der Vertrieb nur der verlängerte Arm des Marketing ist.

Warum er dein Feind ist: Er addiert nur die Kosten für den Vertrieb, aber lässt die Werte für den Vertrieb außen vor.

Wie er dich unter Druck setzt: Er gibt viel Geld aus für Produkt-Videos und bunte Broschüren. Inhalt: nur bla – bla – bla. Kunden und Interessenten langweilen sich bei der Präsentation und reiben sich die verschlafenen Augen.

Wie du mit ihm kooperieren kannst: Seine Aufgabe besteht ja darin, dir werthaltige Leads zu präsentieren. Macht er das nicht, lass dir für jeden Kunden den du bringst, 500 Euro gutschreiben.

Warnung: Er hat sein ahnungsloses Management gut im Griff und alle weisen gerne darauf hin, wie wertvoll der Bereich Marketing doch ist.

Verkäuferfeind #2: Der Diktator

Typische Berufsbezeichnung: Verkaufsleiter, Vertriebsleiter, Teamleiter Vertrieb, neuerdings gerne auch General Account Manager, Vice President Sales, Head of Sales, CSO Chief Sales Officer

Persönliches Markenzeichen: Er glaubt, als Leiter des Verkaufsteams muss er alles kontrollieren, was seine Mitarbeiter sagen und tun. Stellt er sie eine halbe Stunde in den Senkel, dann hat er sie nach seinen Angaben gecoacht.

Warum er dein Feind ist: Er schafft eine negative Umgebung, die es dir schwer macht, noch erfolgreich zu verkaufen.

Wie er dich unter Druck setzt: Er geht deine Verkaufstermine mit dir durch, spricht von deinen Abschlüssen und macht dich vor versammelter Mannschaft madig für das schlechte Ergebnis.

Wie du mit ihm kooperieren kannst: Halte dich von seinem Büro fern so oft es nur geht. Lass ihn auch im Dunkeln über deine kommenden Abschlüsse, die du in der Pipeline hast.

Warnung: Möglicherweise will er ein CRM-System installieren und dann kann er dich tagesgenau mit dem Navigationssystem kontrollieren. Schon heute werden Kontrollanrufe durchgeführt. Vorgeschobene Begründung: Zufriedenheitsanalyse. Echter Grund: Kontrolle. Jede Pinkelpause muss dann intensiv begründet werden.

Verkäuferfeind #1: DU

Typische Berufsbezeichnung: Verkäufer, Vertriebsbeauftragter, Berater, Handelsvertreter, neuerdings auch gerne Key-Account-Manager, Kontakter, Business-Botschafter, Salesman.

Besondere Charakteristik: Du nimmst dir einfach nicht die Zeit, deinen Horizont zu erweitern. Verkaufsmethodik, Verkaufswissen, Einstellung, Begeisterung, Nutzenanalyse, Fragetechnik, Preisgespräche, VERKAUFEN 4.0 und andere Punkte des Verkaufsprozesses sind dir fremd. Auf die fünf wichtigsten Kunden-Einwände hast du keine Antwort.

Warum du dein größter Feind bist: Du bist für deinen Verkaufserfolg *verantwortlich*. Egal, auf welche Feinde und Probleme du jeden Tag in deinem Verkaufsgebiet triffst.

Wie du dich unter Druck setzt: Endloses Palaver. Du sprichst mehr beim Kunden als das du zuhörst. Präsentationen sind von dir schlecht vorbereitet. Deine Zusagen hältst du nicht ein usw. usw. usw.

Wie du mit deinen Limitierungen kooperieren kannst: Beseitige sie. Entscheide dich jetzt hier und sofort, dass du der *BESTE* in deinem Fach sein willst. Triff eine Vereinbarung mit dir und dann starte durch. Du weißt genau, was du zu tun hast.

Warnung: Wenn du diese Vereinbarung jetzt mit dir triffst und du die ersten Aktivitäten startest, wird dich keine von den vier anderen Feindbildern davon abhalten, erfolgreich im Verkauf zu werden.

26. Werner F. Hahn

Werner F. Hahn ist Verkaufstrainer, Coach und Fachbuchautor. Ein Mann aus der Praxis mit vielen Jahren Berufserfahrung, der zum exklusiven Kreis der wenigen Trainer gehört, die das Verkaufen von der Pike auf im B2B bei der Nixdorf Computer AG erlernt hat.

Hahn gibt Verkaufsseminare, 5-Std.-Powertrainings, bringt frischen Wind in Vertriebsmeetings, ist ein sympathisch motivierender Gastredner, coacht mit Training on the job, ist elffacher Buchautor und gibt monatlich gratis

- das E-Mail-Magazin "*sales vitamins frische Vitamine für besseres Verkaufen*" an über 5.140 Verkäufer heraus und
- den Podcast to go – Lernen auf der Fahrt zu Interessenten und Kunden uns sich schnell inspirierende und motivierende Informationen jederzeit und überall abholen.

Seine Seminare und Trainings haben bisher über zehntausend Teilnehmer erfolgreich absolviert und einige tausend Verkäufer wurden direkt am Arbeitsplatz gecoacht.

Das Ergebnis:
- sofortige Erfolge im Auftragseingang, Umsatz und Ertrag
- wecken von neuen Energien,
- Stärkung der Motivation und
- das gesamte Vertriebsteam hat Spaß daran, im Verkauf tätig zu sein.

Ob das Verkaufstalent in die Wiege gelegt wird? Sicher ist: Hahn hat "Verkaufen" von der Pike auf gelernt. In allen Stufen des Vertriebs - vom Vertriebs-Assistent bis zum Geschäftsführer.

Seit 1989 bietet er sein Wissen und seine Erfahrung als selbstständiger Verkaufstrainer und Fachbuchautor an. Seine Kunden bilanzieren: Mit Werner F. Hahn haben wir einen Trumpf gezogen: für mehr Aufträge, steigende Umsätze und höheren Verdienst. Heute zählt Hahn zu den effizientesten Dienstleistern der Branche.

Seine Methoden:
Hahn bildet aus: vom Verkaufs-Assistent bis zum Profi-Verkäufer. Meine Schwerpunkte sind: Neue Kunden gewinnen, Akquisition, Vorteil-/Nutzenargumentation, Einwandbehandlung, Fragetechnik, Preisgespräche und Preisverhandlung, Abschlusstechniken, Verhandlungstechnik, Sprache im Verkauf, Stärkung im Wettbewerb, Key-Account-Verkauf, Kommunikations- und Telefontraining, Verkaufen am Telefon.

Hahn trainiert Verkäufer in authentischen Situationen, auch direkt beim Kunden. Diesen Schwerpunkt seiner Methode dokumentieren zehntausende Kaltakquisitionen per Telefon und tausende gemeinsame Kundenbesuche mit und ohne Termin. Hahn legt den Finger in offene Wunden und zeigt, wie es besser und erfolgreicher gemacht wird. Daraus resultieren Sofort-Erfolge, die bei den Teilnehmern neue Energien wecken, ihre Motivation stärken und wieder richtig Spaß daran vermitteln, Verkäufer zu sein.

Seine Referenzen:

Bisher haben mehr als 14.000 Teilnehmer seiner unternehmensinternen und öffentlichen Trainings und Workshops ihre Motivation und ihre Umsätze messbar gesteigert. Über 1.693 Verkäufer hat er persönlich gecoacht - direkt am Arbeitsplatz im Unternehmen oder vor Ort beim Kunden mit seinem bewährten Training on the job.

Verkäufer...
- aus allen mögliche Branchen,
- in Kleinbetrieben ebenso wie in Top 50 Unternehmen und DAX-Konzernen,
- von Dienstleistungen, Gebrauchs-, Konsum- und Investitionsgüter und
- bei Investitionsvolumen von mehr als 10 Mio. Euro ebenso wie von Produkten um € 5.- das Stück.

Mit seinen Verkaufstrainings
- steigert er Auftragseingang, Umsatz und Ertrag um 10% und mehr Prozent;
- reduziert er die Anzahl der verloren gegangenen Aufträge und sichert so zusätzlichen Umsatz;
- qualifiziert er Ihre Mitarbeiter direkt am Arbeitsplatz im Tagesgeschäft und motiviert sie zu Höchstleistungen;
- gibt er klare Handlungsanweisungen und vermeidet das übliche Marketinggeschwafel;
- lernen Ihre Mitarbeiter praxisidentische Tipps, die sie sofort nach dem Hören im nächsten Kundengespräch aktiv einsetzen und Mehrumsätze erzielen.

Ergebnis: Sie erreichen damit Sofort-Erfolge, die bei ihren Verkäufern neue Energien wecken, ihre Motivation stärken und wieder richtig Spaß daran vermitteln, Verkäufer zu sein.

Sein Tipp: Entscheiden Sie sich bewusst für einen Trainer, der ein Praxistraining für Verkauf und Akquise anbietet – mit entsprechend hohem Grad an Interaktion, an Übungen und Vertiefungsfällen aus der Praxis der Teilnehmer.

Wenn Sie für Ihre Ziele einen Profi brauchen, der es schafft, in freier Rede Bilder zu erzeugen und Geschichten zu erzählen, die bei den Teilnehmern hängen bleiben, dann fragen Sie jetzt die Verfügbarkeit von Werner F. Hahn an.

- Einer der meistgelesenen Blog (> 600 Artikel) im Internet über VERKAUFEN: www.wernerhahn.de/sales-vitamins

- Seine Bücher finden Sie im Internet u.a. bei Amazon und weiteren 1.500 Online-shops und in seinem Shop unter: www.wernersshop.de

- Seine Trainingsthemen und Termine finden Sie hier: www.wernersshop.de

27. Fachbücher von Werner F. Hahn

- 111 Verkäuferfragen & 111 professionelle Antworten
  Werners rote Verkäuferkladde
  392 Seiten, Hardcover
  ISBN: 978-3-7347-5938-3

- 88 typische Verkäuferfehler
  Werners schwarze Verkäuferkladde
  280 Seiten, Hardcover
  ISBN: 978-3-8370-4757-8

- Mach den Abschluss
  Werners blaue Verkäuferkladde
  240 Seiten, Hardcover
  ISBN: 978-3-8370-3173-7

- Kaltakquisition ist tot? Hurra! Es lebe die Kaltakquise!
  Werners weiße Verkäuferkladde
  243 Seiten, Hardcover
  ISBN: 978-3-8391-9221-4

- Mehr Termine. Mehr Aufträge. Einfach und entspannt am Telefon mehr verkaufen.
  Werners gelbe Telefonkladde
  270 Seiten, Softcover
  ISBN: 978-3-7347-2980-5

- 222 Fragen – Fragen, die Topp-20%-Verkäufer erfolgreich einsetzen
  Werners pinke Verkäuferkladde

84 Seiten, Softcover
ISBN: 978-3-7347-6128-7

- Vorwand? Einwand? Kaufsignal!
  Werners orange Verkäuferkladde
  118 Seiten, Softcover
  ISBN: 978-3-7386-2224-9

- Neue Kunden gewinnen und den Umsatz steigern in der Welt des VERKAUFEN 4.0
  Werners türkise Verkäuferkladde
  130 Seiten, Softcover
  ISBN: 978-3-7386-2487-8

- Wie Rabatte dein Geschäft ruinieren und wie die wieder zum Listenpreis verkaufst
  Werners grüne Verkäuferkladde
  108 Seiten, Softcover
  ISBN: 978-3-7386-0220-3

- Vorteil? Nutzen! Warum der WERThaltige Nutzen so kaufentscheidend ist
  Werner dunkelblaue Verkäuferkladde
  108 Seiten, Softcover
  ISBN: 978-3-7386-5997-9

Alle Bücher sind bestellbar im Buchladen sowie bei über 2.000 Online-Buchhändlern und Shops, u.a. auch bei www.amazonde.de
Die E-Book-Varianten findest du in E-Book-Shops wie Apple iBooks, dem Amazon Kindle Shop, den Tolino Shops oder Google Play, sowie in vielen anderen Online-Shops und bei über 2.000 Online-Buchhändlern

28. Hier gibt es die Kontaktdaten

Telefon: 0171 – 650 56 90
Internet: www.wernerhahn.de
Blog Verkaufen: www.wernerhahn.de/sales-vitamins
E-Mail: salesman@wernerhahn.de
Facebook: https://www.facebook.com/VerkaufstrainingWFHahn/
YouTube: http://youtu.be/c9sh1bMFph0
XING: https://www.xing.com/profile/WernerF_Hahn
Twitter: https://twitter.com/WernerFHahn
Google+: https://plus.google.com/u/0/+VerkaufstrainerWernerFHahn/posts
LinkedIn: http://de.linkedin.com/pub/werner-f-hahn

Meine zwei Grundprinzipien für

erfolgreiches Verkaufen:

Glaubwürdigkeit und Vertrauen!

Werner F. Hahn

29. Danke!

Im Regelfall bedankt sich der Autor bei seinem Schwippschwager, seiner Schweigermutter und allen anderen Personen, die ihm besonders nahe stehen und/oder standen. Ich bedanke mich heute bei dir als mein Kunde, der du dieses Buch gekauft hast und damit mein Bankguthaben hast ansteigen lassen.

Die gute Nachricht: setzt du die Punkte aus diesem Buch konsequent um, dann wird das auch bei dir zu einer prall gefüllten Geldbörse führen. Und wenn zwei Geldbörsen prall gefüllt sind, ist das für uns beide eine win-win-Situation!

30. 1-Tages-Intensiv-Training: Mehr Termine. Mehr Aufträge. Neue Kunden gewinnen.

Ein Verkaufsleiter definierte es so: *"Ein Verkäufer, der die Akquisition nicht beherrscht, ist wie ein Zimmermann, der mit dem Hammer nicht umgehen kann. Wenn der Verkäufer die Akquise nicht beherrscht, wird er niemals in seinem Verkäuferleben erfolgreich sein."*

Das lernst du in diesem Training:
- Die Bedeutung deiner JA!-Einstellung im Verkauf: Quotenerfüllung 80% oder 125%?
- Die acht Stufen zum Verkaufserfolg.
- So überzeugst du die Palastwache und wirst gerne zum Entscheider durchgestellt.
- Wecke das Interesse des Entscheiders mit Match Pitch in 12 Sekunden und hol dir sofort ein emotionales *„Ja, gerne – das interessiert mich!"* ab.
- Mit positiver und zielorientierter Sprache die richtigen Fragen stellen und die wahren Bedürfnisse, Träume und Wünsche der Kunden erkennen.
- Werthaltige Termine vereinbaren durch kundenindividuelle Ansprache mit Wort-für-Wort-Gesprächsleitfaden.
- Erarbeitung einer unternehmensspezifischen WERT- und NUTZEN-Argumentation für die wichtigsten drei Produkte.
- Einwand-Behandlung? HURRA - das sind doch Kaufsignale! Einwände verstehen und den Kunden zum Teil der Lösung machen.

- Angst vor Akquise/Kaltakquise/Neukundengewinnung? So einfach funktioniert es!
- Wie du mit DNS und der 3+3+3-Regel schneller und sicherer zum Abschluss kommst.
- Die 4 wichtigsten Fragen im Abschluss.
- Wie du bereits im Ersttelefonat eine Kauf-Zusage bekommst.
- Erfolgreich Verkaufen ohne zu verkaufen? VERKAUFEN 4.0 - weg von den Verkaufsargumenten und hin zu den Kaufargumenten.

Ausführliche Dokumentation mit individuellen Gesprächs- und Telefonleitfäden, NUTZEN-Argumentation und Einwand-Behandlung für jeden Teilnehmer.

Ideal für: Vertriebs-Mitarbeiter im Außen- und Innendienst, Key-Account-Manager, Telefon-Verkäufer, Verkäufer im beratungsintensiven Einzelhandel, Führungskräfte im Verkauf, Freiberufler, Selbstständige und Unternehmer.

Termin: nach Absprache oder im Shop unter www.wernersshop.de
Ort: deutschlandweit
Deine Investition: € 499 plus MwSt. pro Teilnehmer
Hohe Lernquote, da max. 10 Teilnehmer.
Meine Geschenke im Wert von € 319:
- 60 Minuten 1:1 Life-Telefon-Coaching nach dem Training (ich beantworte Ihre Fragen und zeige Lösungen auf)
- Das Fachbuch: *Mehr Termine. Mehr Aufträge.*
- Das Fachbuch: *111 Verkäuferfragen & 111 professionelle Antworten*
- eBook: 30 Tage Aktionsplan zum Erfolg
- eBook: Kaltakquisition

Dieses Training führe ich auch unternehmensindividuell durch. Ihre Anfrage senden Sie an: werner@wernerhahn.de

31. 1-Tages-Intensiv-Training: Profite statt Rabatte - Wie Rabatte dein Geschäft ruinieren und wie du ab sofort zum Listenpreis verkaufst!

- *83 Prozent der Unternehmen erleben einen starken Preisdruck*
- *58 Prozent bezeichnen die Situation offen als Preiskrieg*
- *Nur 37 Prozent der Unternehmen gelingt es, ihre Preisforderungen am Markt durchzusetzen*
- *77 Prozent der Unternehmer sagen, dass eine Preiserhöhung nur über neue Produkte möglich sei.*
- *72 Prozent der Neuprodukte verfehlen allerdings ebenfalls die in sie gesetzten Preiserwartungen*
- *Jedes vierte Unternehmen hat nach eigener Aussage nicht ein Produkt im Angebot, das die gesetzten Gewinnziele erreicht.*

Verrückte Welt: Meine Trainingsteilnehmer sagen mir: *"Werner, ohne Rabatt läuft nichts mehr!"* 80% der Preisdurchsetzung hängen von einer guten Vorbereitung ab und nur 20% von der Verhandlung selbst. Erstaunlich ist, dass die Topp-20%-Verkäufer keine oder nur ganz wenige Probleme mit Rabatten in der Preisverhandlung haben. Was machen diese Verkäufer anders und besser?

In diesem 1-Tagestraining lernst du:
- Das Märchen vom Gewinn
- Der Anfang vom Ende: Rabatte, Boni, Nachlässe...
- Welche Rabatt-Signale sendest du aus?
- Welche Bedeutung die 3+3+3-Regel plus DNS für dich im Verkauf hat
- 8 Fragen die du dir stellen solltest, sobald du an Rabatt denkst
- Was Rabatte wirklich kosten
- Wie Rabatte deinen Gewinn

- So viel Mehrumsatz müssen deine Rabatte bringen
- Die unverstandene Rolle des Preises
- Sie sparen die Mehrwertsteuer von 19% und machen Profit? Da kann wohl einer nicht rechnen
- Rabattierte Preise bringen dir rabattierte Kunden
- Probleme beim Abschluss? Rabatte helfen dir nicht weiter
- Der Preis ist die Waffe des Einkäufers - als Verkäufer schlägst du mit dem WERT des Produktes zurück
- Ein einfacher Weg um Rabatte zu vermeiden
- Ist dein genannter Preis wirklich dein endgültiger Preis?
- Einwand-Behandlung? HURRA - das sind doch Kaufsignale! Einwände verstehen und den Kunden zum Teil der Lösung machen.

Termine: nach Absprache oder im Shop: www.wernersshop.de
Ort: deutschlandweit
Deine Investition: € 499 plus MwSt. pro Teilnehmer
Ideal für: Vertriebs-Mitarbeiter im Außen- und Innendienst, Key-Account-Manager, Telefon-Verkäufer, Verkäufer im beratungsintensiven Einzelhandel, Führungskräfte im Verkauf, Freiberufler, Selbstständige und Unternehmer.
Hohe Lernquote, da max. 10 Teilnehmer.
Meine Geschenke im Wert von € 319:
- 60 Minuten 1:1 Life-Telefon-Coaching nach dem Training (ich beantworte Ihre Fragen und zeige Lösungen auf)
- Das Fachbuch: *Mehr Termine. Mehr Aufträge.*
- Das Fachbuch: *111 Verkäuferfragen & 111 professionelle Antworten*
- eBook: 30 Tage Aktionsplan zum Erfolg
- eBook: Kaltakquisition

Dieses Training führe ich auch unternehmensindividuell durch. Ihre Anfrage senden Sie an: werner@wernerhahn.de

32. sales vitamins – frische Vitamine für besseres Verkaufen

Wir sind leistungsfähiger, haben bessere Stimmung und eine gesündere Ausstrahlung, wenn die Ernährung stimmt. Genau das bewirken die *„sales vitamins"* von Werner F. Hahn, denn auch im Verkauf entscheidet der gesunde Mix der einzelnen Erfolgsfaktoren über Kundengewinnung, Aufträge und – mehr – Umsatz.
Doch jeder Verkäufer ist anders.

Das gilt auch für die Produkte und Dienstleistungen, die er verkauft. In den theoretischen Verkaufstrainings und den anschließenden praktischen Trainings-on-the-Job lernen Ihre Vertriebsmitarbeiter, worauf sie in Bezug auf ihre eigene Persönlichkeit und das Produkt gezielt achten müssen.

Ähnlich wie ein Personal Trainer im Sport oder ein Ernährungsberater entwickelt Werner F. Hahn des besten Mix an *„sales vitamins"*, um die Kundengewinnung zu optimieren, mehr Aufträge zu generieren und die Umsätze zu steigern – mit mehr Sicherheit.

Jede Woche erscheint der Gratis-Newsletter mit werthaltigen Tipps zum sofortigen Umsetzen im nächsten Kundengespräch. Fordern Sie auf der Startseite von <u>www.wernerhahn.de</u> die 111 Tipps für Kaltakquise an und Sie werden in den Verteiler für den Newsletter automatisch eingetragen.

33. Podcast to go

Deine automobile Universität ist jetzt freigeschaltet.

Hol dir auf der Fahrt zu deinen Kunden und Interessenten die nötige Dosis von Motivation und Inspiration mit den Themen rund ums Verkaufen. Auch in meinen Podcasts bekommst du perfekte Sätze, Wort-für-Wort-Gesprächsleitfäden, die das Herz deines Gesprächspartners erreichen. Du kennst ja mein Mantra:

Verbindlich Verkaufen mit guten Gefühlen.

Die Podcast findest du hier auf der Startseite unter www.wernerhahn.de oder geh in den iTunes Store und gib als Suchbegriff ein *Verkaufstrainings* und dann geht es sofort los.

34. Literaturverzeichnis:

> "Alle literarischen Werke sind Plagiate, ausgenommen das Erstwerk, das meistens unbekannt ist."
> Jean Giraudoux

Detroy, Erich-Norbert	Sich durchsetzen in Preisgesprächen
Fett, Josua	Die Mehr-Wert-Strategie
Hahn, Werner	111 Verkäuferfragen
Hahn, Werner	88 typische Verkäuferfehler
Hahn, Werner	Mach den Abschluss
Hahn, Werner	Kaltakquisition
Hahn, Werner	Mehr Termine. Mehr Aufträge.
Hopkins	Einfach Verkaufen
Hunter	High Profit Selling
Limbeck, Martin	Nicht gekauft hat er schon
Miller/Heiman	Strategisches Verkaufen
Pink, Daniel	MEHR WERT
Sickel	Mehr Umsatz mit Kaltakquise
Ziglar	Der totale Verkaufserfolg
Zimmermann	Großerfolg im Kleinbetrieb
Quelle unbekannt	Diverse Internet-Recherche

35. Haftungsausschluss:

Der Autor übernimmt keinerlei Gewähr für die Aktualität, Richtigkeit und Vollständigkeit der bereitgestellten Informationen in diesem eBook. Haftungsansprüche gegen den Autor, welche sich auf Schäden materieller oder ideeller Art beziehen, die durch die Nutzung oder Nichtnutzung der dargebotenen Informationen bzw. durch die Nutzung fehlerhafter und unvollständiger Informationen verursacht werden, sind grundsätzlich ausgeschlossen, sofern seitens des Autors kein nachweislich vorsätzliches oder grob fahrlässiges Verschulden vorliegt.

Meine Angebote sind freibleibend und unverbindlich. Als Autor behalte ich mir es vor, Teile der Seiten oder das gesamte Angebot ohne gesonderte Ankündigung zu verändern, zu ergänzen, zu löschen oder die Veröffentlichung zeitweise oder endgültig einzustellen.